魔法のことば

自然と旅を語る

星野道夫

文藝春秋

はじめに

星野直子

夫星野道夫は、アラスカの話をする時に、ほとんど毎回のように太陽の描く弧についで話をしました。アラスカで暮らし始めると、日本ではあまり気に留めなかった太陽の動きが私も気になりました。窓から見える太陽の高さが日毎に変化していく様子、日照時間の変化の早さに驚きました。

一九九五年に開催された「木村伊兵衛写真賞二十周年記念受賞作展」へ寄せるメッセージをアラスカから送るため、夫の話を八ミリビデオで録画したことがありました。

木々の緑が濃くなった、ちょうど夏至の日でした。

「アラスカは極地なので、冬は太陽がなかなか出てきません。朝日が地平線から少し顔を出すだけでそのまま夕日になってしまいます。本当に小さな弧を描くだけです。それがだんだん春が近づくにつれて長くなっていき、白夜の季節となり、夏至をピークに太陽の描く弧は少しずつ小さくなっていきます。本当の夏はこれからなのですが、今日の夏至の日を過ぎると気持ちがなんとなく寂しくなります。それは遠くに冬の気配を感じるからです。アラスカで暮らしていると、太陽の恵みを受け、そしてその存在を気にしながら暮らしているような気がします」

 アラスカと聞くと冬の寒いイメージが強いと思います。しかし実際にははっきりと四季があり、その移りゆく速さに驚き、気持ちが追いついていかないこともありました。
 雪解けが進む頃、気づくと新芽が芽吹き、動物たちの新しい生命も誕生します。葉の緑は日毎に濃さを増し、可憐な野の花々が咲き始めます。南からはたくさんの渡り鳥が営巣するためにアラスカに渡ってきます。辺りは生命の息吹に満たされています。ヤナギランの鮮やかなピンク色の花が白い綿毛に変わる頃、白樺やアスペンの木々は黄色く色づき、灌木はワイン色に染まります。そして辺りの気配の静けさに気づくと、一面銀世界だったことが何度となくありました。
「日本の自然はゆっくりと季節が変わっていきますが、アラスカの場合、あっという間に自然が変わっていくというか、自然が動いていく躍動感があります。自分がアラスカに魅かれている一つの大きな理由は、その躍動感にある気がします」

 夫が初めてアラスカの地を踏んでから二十三年間、アラスカへの思いは変わることはありませんでした。

初めは原始性と純粋性を秘めた自然に魅かれ、カメラと重いザックを担ぎ、一年の半分近くをテントで過ごしながら、一人アラスカの道なき原野の奥へと入っていきました。そこには太古の昔から変わらず流れている大きな時の流れの中で、生命の営みを繰り返してきた動物たちがいました。その動物たちを長い年月をかけてじっくりと観察し、カメラに収めていきました。カリブー、グリズリー、ムース……とそれぞれのテーマに取り組むうちに、アラスカの自然や動物たちと深く関わりながら暮らしてきたエスキモー、インディアンの人々と出会っていきます。伝統的で、エスキモーの人々のアイデンティティーが残るクジラ漁に参加、ムースの狩猟に同行、ポトラッチの儀式に参加……と、友人たちが未知なる世界の扉を開いていってくれました。

「最初は自然に魅かれてアラスカに取り組み始めたのですが、今はどちらかというと自然よりこの土地で暮らしている人間にとても興味を持っています。人間というのはもちろん白人を含めたエスキモー、インディアンの人々です。そういう人々の暮らしをテーマに今、撮影を続けています」

旅をしながらたくさんの人々と出会い、さまざまなことを語り合う毎に、そしてアラスカの地に定住することを決め、旅人としてではない視線でアラスカを見つめることにより、その思いはさらに強くなっていったように思います。

アラスカには自然がたくさん残ってはいますが、自然破壊、開発などさまざまな問題があり、人々はそれらの問題を抱えながら暮らしています。

「自然破壊、開発の問題について、白人やエスキモー、インディアンの人々が自分たちの暮らしとどういうふうに関わっていくのか。自分がこれからアラスカを撮っていく上でのいちばん大きなテーマは、自然と人間の関わりです」

テーマを自然と人間との関わりという大きな視点で捉え、人々の未来を見守りながら撮影を続けた夫。未来を案じながらも、人々の持つ希望の光、力を信じ、今も温かい眼差しで見守っていることでしょう。

目次

魔法のことば
自然と旅を語る

これは星野道夫が語ったところを本にまとめたものである。

彼の声の響きを正しく耳に蘇らせるには、ちょっと工夫がいる。

まず、ゆっくり読むこと。

次に、一度にたくさん読んではいけない。彼は本当に大事なことしか言わなかった。そして本当に大事なことは何度でも言った。

だから、一気に読み終えるのではなく、一つずつを時間をかけて、例えば一週間の間をおくような具合に、読むのがいい。

なんといってもこれは効率がすべてを損なってしまう前の社会の知恵を書いた本なのだから。

——池澤夏樹

第一章

卒業する君に

1987年3月、東京都大田区立田園調布中学校の卒業記念講演。
友人だった教師から頼まれて引き受けたもの。

僕とアラスカの関わりは十五年ほど前、十九歳の頃に遡ります。皆さんとそんなに年齢の差がないですね。

僕は子どもの頃から自然や動物が好きで、読んでいた本というのは動物記や探検記が多かった。ジュール・ヴェルヌの空想科学小説やアルセーニエフの『デルスウ・ウザーラ』などで、いつか自分もこの物語の主人公たちと同じようなことがやりたいと、そんなことばかり考えていました。そういう夢というのは成長とともに失ったり、もっと違う方向に興味が向いたりするのが普通なのでしょうが、僕の場合はあまり成長しなかったのか、大学に入学しても同じようなことを考えていて、一年生のときすでにアラスカに行くと決めていたのです。どうしてアラスカなのか、その理由をはっきりとは説明できないのですが、なにか漠然とした北極圏の自然への憧れがあったのだと思います。

その頃はアラスカの資料を日本で手に入れるのはとてもむずかしく、アメリカから何冊か本や資料を手に入れました。その中に一冊とても好きな写真集があって、毎日毎日飽きるまで見ていたのですが、そのたびにどうしても見ないと気がすまないページがあった。北極海に浮かぶ小さな島にあるエスキモーの村の空撮写真で、ものすごくきれいだったんです。ちょうど北極海に夕日が落ちる時間に飛行機から撮影した写真でした。

なぜそんなにもその写真に魅かれたかというと、何もない地の果てのようなところにも人間が生活していることが不思議だったのです。僕も皆さんと同じように都会育ちですから、そういう場所に人が生きているということが信じられなかった。そう思ううちに、この村に行ってみたいと思うようになった。それで写真の説明書きをよく読むと、村の名前が英語で書いてあって、シシュマレフという村でした。地図を広げ、その村がアラスカのどこにあるのかを探しだすと、余計にその村に行きたいという気持ちが募ってきたんです。

ところがどうやって行ったらいいのか分からない。知り合いもいない。でも思いは日々募っていく。

それでとにかく手紙を書いてみようと思ったのです。ところが住所も分からなければ、誰に宛てればいいのかも分からない。それで考えて、村であれば村長さんがいるだろうと思った。辞書で調べると「Mayor」という単語があって「代表者」という意味なのですが、それでアラスカの村七カ所に「Mayor」宛で投函したのです。手紙の中身は「あなたの村を訪ねたいと思っているのですが、誰も知りません。仕事は何でもしますので、どこかの家においてもらえないでしょうか」という内容をつたない英語で書きました。

でも返事は来なかったんですね。住所の宛名がメチャクチャですから半分ほどはそのまま戻ってきたんです。そして何カ月か経つと僕もその手紙のことを忘れ始めた。ところが半年経ったある日、大学から家に帰ると一通の国際郵便が届いていたんです。

それがシシュマレフという村に住むエスキモーの家族からの返事でした。「世話をしてあげるから今度来なさい」という簡単な内容のものだったけれど、僕はもう嬉しくてたまらなかった。それまでアラスカという国は本当に遠い世界だと思っていたけれど、そのときは目の前にアラスカがあるような気がしたのです。それで翌年の夏にアラスカに行きました。大学一年のときです。つまり二年目の一年生ですね。アラスカに行きたいなどとずっと考えている学生だったものですから落第してしまったんです。

エスキモーの家族とはひと夏をともに生活したのですが、とても貴重な経験でした。同じ家に住み、同じものを食べ、猟に行く。そのすべてが自分の学生生活とはまったく違っていて、珍しかったし面白かった。セイウチやアザラシ、クジラなど食べたことのないものを食べたりして、とにかく楽しくて楽しくてしかたがなかった。あっという間に三カ月が過ぎました。

この経験の中でとてもよかったことが二つありました。

一つは先ほども言いましたが、地の果てのようなところに人が住み、こんな小さな村にも僕たちと同じような人の生活があり、家族があるということ。数カ月いただけで僕はこの村の住人のような気持ちになりました。この場所で生きている人たちにとって、そこは世界の中心、宇宙の中心なのですね。すごく単純かもしれないですが、そういう生活が世界の中にあるということを実感できたというのはいい経験でした。

もう一つは、やはりものすごく大きな自然を見たということです。自分で想像できる大きな自然をはるかに超越したもっともっと大きな自然をこの目で見て、自分の気持ちの中に新しい風が吹いたような、新しい世界の扉を開いてしまったような気がしてとても感激しました。

それから帰国して学生生活に戻ったのですが、頭がぼおっとしてしまって身が入らず、また落第しそうになったんです。このときばかりはなんとか切り抜けましたが、それでもアラスカのことが頭から離れないんですね。もう一度戻りたい、そして今度戻るときは旅行者ではなく、その土地に住みたいと思った。実際に住まないかぎり、何も見えてこないだろうという気がしていたんです。

大学三、四年になると同級生たちは就職活動などで忙しいのですが、僕は成長していなかったというか、大人になりきれなかったというか、そういうことが考えられなかった。皆が会社訪問をしたり就職について話し合ったりしているとき、僕の気持ちはぜんぜん違うところにあって、ときどきこんなふうでいいのだろうかと考えてしまうくらいでした。

その頃に僕の中学時代からの親友が山で遭難して亡くなったんです。いろいろなことを一緒にやろうとしていた友人がいなくなって、非常にショックを受けたんですね。ところが、自分の将来について迷っていた時期だったので、このことが気持ちの上で転機になった。どういうことかというと、自分の一生はこれからずっと続くと漠然と思っていた意識が崩れ、ある日突然不慮の事故で死んでしまうということもあると気づいたわけです。そこで自暴自棄になるのではなく、だからこそ自分の人生を大切にしなくてはいけない、できるだけ自分の気持ちに正直になろうと思った。そしてそのときの僕にとって思いきり好きなことをやるというのは、もう一度アラスカに戻ることだったんです。それで大学を卒業してから田中光常さんという写真家の助手として二年間働きました。その間もアラスカに戻りたいと思っていて、あれだけ大きな自然とどういう形で取り組んでいったらいいのかを考えていた。本当に長く仕事を続けるのに思いつきや小手先のテクニックでは通じないと感じていて、そこで支えになるのは自分がやりたいと思える対象への興味、それがどのくらいあるかということだったんです。

僕は経済学部を卒業したのですが、あらためて大学に再入学して自然について勉強したいと思ったんですね。調べてみるとアラスカ大学に野生動物学部があった。それで助手の仕事を終えてアラスカ大学に入学し、根を下ろして写真を撮っていこうと決めました。ところが入学に必要な英語の試験を受けたら点数が三十点足りなくて、不合格の通知が来たのです。でも僕はアラスカに行くことを決めていた。本当にやりたいと強く思うことはときとして勇気を生むようで、点数が足りなかったにもかかわらず、僕はそのまま日本を出てアラスカに行ってしまいました。それで学部の教授に直談判して「点数が足りないだけで一年浪人することはとても考えられない。僕はもうアラスカに来ることを決めている」と言うと、その教授も少し変わった人で、僕の話を真面目に聞いてくれて入学を許可してくれたんです。それが一九七八年のことで、そのまま僕はアラスカに移り住みました。最初の二年間は大学で学びながら撮影を続け、今も一年のほとんどをアラスカで撮影しながら暮らしています。

アラスカはアメリカの州の一つにすぎないのですが、とても広く、面積は日本の四倍ほどあります。ほとんどの地域には道がなくて、自分の足で行くしかない。スキーを使ったりカヤックを使ったり、ときには飛行機を使ったりして入っていかなくてはなりません。こういう大きな自然の中にいると、まず最初に思うのは、人間というのはなんてちっぽけなんだろうということです。

例えばアラスカ鉄道というのは実に夢のある鉄道で、世界でたった一つフラッグストップができる鉄道なのです。フラッグストップというのは、どこからでも乗ることができてどこでも降りることができるんですね。だから皆さんがもし線路の脇で手を振ったら、長い長い車両が目の前に止まってくれます。そこから乗っていくことができて、降りたいところがたとえ山の中であっても降ろしてくれます。どうしてこういうシステムが必要なのかというと、アラスカにはまだ原野や森の中で開拓生活をしている人がたくさんいるのです。自分たちの物資や家財道具などをこの鉄道から下ろしてもらう必要がある。初めて僕がこの鉄道に乗ったとき、山奥で急に止まってしまったことがあって、「どうしてこんな場所で？」と思っていたら、森の中からイヌを連れた大男が出てきて、その季節の家財道具を下ろしていました。彼らにとってアラスカ鉄道はなくてはならないものなのです。実にゆっくりとした遅い鉄道なのですが、毎日一便だけ走るこの鉄道が僕は本当に大好きで、毎年必ず一度は乗ります。

他に移動手段としては、カヤックがとてもいい方法です。

僕のカヤックは、折り畳み式で二つのバッグに入ってしまうほどの大きさです。カヤックの旅がいいというのは、水の流れに沿って行けるのが実に自然で、だから僕は大好きなのです。もう一ついいことは、たくさんの荷物を積んで行けるということです。カヤックの前と後ろにたくさん積めます。そして積めば積むほど安定してきます。水に出るとほとんど水面と同じくらいの高さになってしまうのですが、でも本当に安定しているんですね。却って荷物が何もないと安定が悪くて危ないのです。

アラスカには無数の湖があってカヤックで移動するにはいいところです。アラスカの人たちにとって「遊ぶ」ということは、自然にどう相対するかということなんですよね。日本のような都会とは違い、物にあふれた世界ではないので、自然こそがアラスカの人々にとっての遊び場です。不便なことばかりですが、その不便さが結構いいものなんですよ。夏は白夜の季節ですので、子どもたちも昼夜問わず遊んでいます。

グレイシャーベイという、アラスカの南に広がるたくさんの氷河が海に流れ込んでいる地域があります。一見すると水は温かそうなのですが、実際はものすごく冷たくて、その海に落ちると十五分で死んでしまいます。あるとき、一カ月ほどカヤックを漕ぎながらこの地域に入っていったのですが、それがたった一つの方法なんですね。なぜかというと、たくさんの氷河が陸上を横切っているので水の方から旅するしか方法がないのです。

グレイシャーベイは氷河がいつも崩れ落ちてきて、その様子は本当に地球が動いているようなすさまじさです。カヤックに乗っているときに一番気をつけなくてはいけないのはこの氷河が崩れ落ちるときです。氷河が崩れ落ちると小さな津波が起きるのです。それが一番恐ろしいことで、氷河に気をつけて水に落ちないようにいつもビクビクしながらカヤックを漕いでいたのをよく覚えています。一度、氷河の近くを漕いでいたときに氷河が突然崩れ落ちて逃げ切れなかったことがあるのです。大きな波が来るし、どうしようかと思いました。それで波に向かってカヤックを垂直にして、祈るようにして波を乗り切りました。そういう本当に怖い体験をすることもありますが、それにも増して素晴らしい大きな自然なのですね。

こういうところを旅していると、水を得るのが非常に大変なんですよね。そこで氷河がこのときの貴重な水になります。氷河をピッケルで砕いて火にかけて水に戻すんですけれども、これはよく考えるととてもロマンティックですね。氷河というのは何千年以上も前に山の上に降った雪が圧縮されて、氷となり、氷河となって、また長い時間をかけて流れ出て、それで海に崩れ落ちるわけですから。その水を自分が飲んでいるというのはやはりなかなかいい気持ちで、ものすごく大きな時間の流れを感じます。

アラスカというのは、暗くて寒くて単調でとても過ごしにくいところのような感じがすると思いますが、そこで生活している者にとっては気持ちを慰めてくれる場所なんです。オーロラも町中では単純にきれいだなと思いますけれど、例えば山の中で一人で見ていると、強いものだと生き物みたいに動くのできれいというよりは怖いと感じます。アラスカの自然を皆さんにも見てもらいたいと思いますが、その中でも一番見てもらいたいのはやはりオーロラですね。本当に不思議な自然現象です。

北極の自然はとても厳しいので、アフリカのようにたくさんの種類の動物が生きることはできません。寒さに適応した能力を持つ動物しか生きられない。

エスキモーの人たちと一緒にクジラ漁に行くと、彼らは乱氷群の流氷が割れて開いたその海で行います。このキャンプに参加していたある日の夕方、僕は一人で散歩に出ました。すると遠くの氷面の方から動物がこちらに向かって歩いてくるのが見えた。そのときはまだ点のようにしか見えなくて、何か分からなかったのですが、多分こんな場所にいるのだからシロクマだろうと思った。近づいてくるのを見るとやはりそうでした。シロクマは何をしているのかというと、アザラシを探しているのです。彼らの食料の九〇パーセント以上はアザラシなんですね。アザラシはものすごく匂いの強い動物で、シロクマは一〇キロメートル離れたところからアザラシの匂いを嗅ぎ分けることができます。だからシロクマはエスキモーの人たちが獲ったアザラシの匂いに引き付けられて、僕らのキャンプまでまっすぐ歩いてきたのです。

アラスカ北極圏でよく撮影するのは、カリブーという大きなトナカイですが、長い長い季節移動をする動物なんですね。

ところがアラスカというのは手のつけようがないほど広い土地なので、彼らを追いかけるのにある程度のところまで飛行機を使わなくてはいけない。

飛行機の操縦士をブッシュパイロットというのですが、降りるときにいちばん最初にすることは、彼らに迎えに来てくれる日時を確認することです。だいたい一回の撮影が三週間から一カ月なので、一カ月後の日にちと場所を確認する。これをいい加減にしておくと大変なことになるんです。まったく人間のいない世界なので、彼らに迎えに来てもらわないと家に戻れなくなってしまうからです。

僕のキャンプからいちばん近くに人が住んでいる場所は、二〇〇キロメートルほど離れたエスキモーの村です。ですからキャンプにいるときは一、二カ月人に会うことはありません。かなり寂しいんですね。

でも同時に、自分一人で一カ月間何もかもしなければならないという楽しみと解放感もあって、この世界がすべて自分のものになったような気がして楽しく感じることもあります。一カ月間一人でいるというのはちょっと長いですよね。だから本をいつも持っていきます。誰とも話さないでいるとやはり独り言が多くなります。何年か前からどうせ独り言を言うのであれば勉強になると思って、なるべく英語で言うようにしているんです。

それで、キャンプをしながらカリブーの春の季節移動をじっと待つわけですが、カリブーというのは陸上の哺乳動物の中で一番長い旅をする動物なんですね。僕は今、写真のテーマとしてカリブーをずっと追いかけているのですが、北極圏はすごく広いので、実際に自分がカリブーと出合えるかどうかというのはそのときが来るまで分からない。その年の天候状況によってカリブーの移動の仕方はさまざまに変わりますから、自分がどこにベースキャンプを張るかがとても重要になってきます。

キャンプをしていて、一番気をつけなくてはいけないのはクマです。

自分のテントにクマが近づいてきたことは何度もあるのですが、今からもう五、六年前、テントの中で寝ていたら、朝四時頃にブラシが触ったような音がしたのです。飛び起きてテントを開けたら、クマの顔が僕の目の前にありまして、僕はもちろんすごくびっくりしましたが、クマもびっくりしたようで一目散に逃げていきました。やはりクマも人間が怖いんです。クマも人間なんて襲いたくないんですね。ところが山の中でばったり出合ったり、僕のように至近距離で出くわしたりすると、クマは恐怖のあまり二つのうちどちらかの行動を取る。怖くて逃げるか、怖くて襲うか、どちらかです。僕の場合は本当にラッキーで、そのクマは怖くて逃げた。クマは瞬間で判断しますから、どちらに転ぶか、そのときにならなければ分からないのです。

カリブーの季節移動を待つというのは本当に気の遠くなる話で、今まで何度も何度も行きましたけれども、実際に会えたのはそのうちの四割くらいですね。一カ月キャンプを張って一度も見れずに帰ったことも何度もあります。カリブーの撮影というのは一種の賭けのようなものなんですね。

長い列を作りながら北に向かっていくカリブーの移動を見ていると、動物の本能というのはなんて不思議なのだろうと思います。毎年このような長い旅を繰り返して、春は北のツンドラ地帯まで、秋は南の森林地帯まで移動します。その距離はだいたい一〇〇〇キロメートルほどになります。カリブーがこんなに長い季節移動をして北に向かう理由はいろいろと考えられますが、その一つに出産があります。同じ時期にオオカミも出産をする。つまりカリブーはオオカミの生息地から離れていくということなのですね。カリブーは安全な地域で子どもを産みたいと思っているわけです。

アラスカは地球のてっぺんの方にあるので、季節の変化がとてもダイナミックです。アラスカの夏はずっと太陽が沈まず、頭上をぐるぐると回るばかりで夜がないんですね。だいたい四月の終わり頃には太陽が沈まなくなります。

太陽が一日中沈まない、それがどういう感覚か、皆さんは分かりますか。頭の上を太陽がぐるぐる回っているのですが、いつ起きてもいつ寝てもあまり関係ないんですね。つまり、日記をつけていないと何月何日なのか分からなくなってしまう。それはとくにキャンプをしているとき、とても困ることで、というのも一カ月後にパイロットが迎えに来てくれる日が決まっていますから、それを日々確認しておかなくてはならない。それさえなければ、一日中太陽が輝いて夜のない生活というのも面白いですね。

アラスカに夏が来ると、信じられないくらいのサケが上ってきます。

釣り竿は必要なくて、手づかみで獲ります。少し上流に行くと川幅が狭くなっていちばん端にいるサケが周りのサケに押し出されて岸にあがってしまうのですが、そういうサケを求めてクマも集まってきます。でたらめに並んでいるように見えますけれど、実際は力の強い順に並んでサケを獲りやすい場所を確保しているのです。そしてたくさんのカモメがクマが食べ残したサケを狙っています。サケがいちばん上ってくるときというのは、クマはサケのいちばんおいしいところしか食べないのです。どこだと思いますか。頭と卵なんですよね。アメリカ人が魚を食べるとき、どこを捨ててしまうかというと頭と卵なんです。僕はアメリカ人に「あなたたちは魚の食べ方を知らない人種だね」とよく冷やかします。クマの方がよっぽどおいしいところを知っているわけですね。クマの食べ残しは鳥が食べることが多いです。

撮影にはそんなにたくさんの食料を持っていくことができないので、釣り竿は必需品です。場所さえよければ毎日サケを食べることができるので、この時期でいちばんの楽しみはサケを獲ってご飯を炊いてイクラ丼を作ることですね。

夏になってサケがたくさん川を上ってくると、そこで生活をする人にとっての大切な食料になります。これはエスキモーのフィッシュ・キャンプといって、サケを獲るキャンプです。ひと夏中ここでサケを獲りながら生活します。本当においしいのです。僕はアラスカの中でいろいろな食べ物を食べました。動物もたくさん食べました。その中で一番おいしいものはエスキモーの作るドライ・サーモンで、これは食べ始めるとやめられなくなってしまう。サケのスモークの素晴らしいところは、例えばサケを煮たり焼いたりしても三、四日で飽きて鼻について食べられなくなってしまうんですが、スモークにすると毎日食べても食べ飽きないほどおいしい。スモークは保存方法に優れ、飽きないという点で、エスキモーの人たちにとって冬の大切な食料になります。

この地域でクマの研究をしている友人がいるのですが、ある日彼と一緒に山を歩いているときに目の前にクマが出てきたのです。それで僕らもクマも立ち止まった。僕はもうびっくりしまして、非常に怖かった。ところがその彼はまったく落ち着きはらって、クマに話しかけたのです。「俺たちは大丈夫だ。何もしないから、向こうへ行きなさい」と、まったく動じないでクマに話しかけている。それでクマはそのままゆっくりと森の中へ消えてしまった。

その後で彼とクマが人を襲うのはどういうときか、クマは本当に危険なのかという話をしたのですが、やはりクマと出くわしたときにこちらが妙に怖がっていたり緊張していたりすると、その気持ちというのはクマにも伝わるらしいんですね。人間同士でも同じだと思うんだけれども、例えばあまり会いたくない人と会うときというのはなんとなく緊張して構えますよね。その気持ちは相手にも伝わってしまう。そういうことがもしかしたら人間と動物の間にもあるのではないかと思うんです。だから自分の気持ちが落ち着いているのがクマに分かれば向こうもリラックスした気持ちになれるのではないかと、真剣にそう話したことがあります。

僕は以前、森の中でグリズリーの親子と一日を過ごしました。クマで一番気をつけなくてはいけないのは、やはり親子なんですね。どういうときが一番危ないかというと、夏になって草が生えてきてそれを親子が食べている。山頂からはそんな親子が見えるのですが、いったんその親子のいる場所と同じところまで下りると、両方のクマが見えないので知らないうちに、親と子の間に入ってしまっていることがある。そういうとき、クマは一〇〇パーセントに近い確率で人間を襲います。クマが自分の子どもを守ろうとして襲うわけですね。アラスカでも毎年クマによる事故があります。それは親子の間に入ってしまったケースが非常に多いんです。

カリブーの狩猟は少し残酷な感じがしますけれども、アラスカはエスキモーやインディアンの人たちがたくさん住んでいて、彼らにとってアラスカの動物というのは見て楽しむものではなく、生きていくために殺して食料にしなくてはいけないものです。

僕たちの生活ではスーパーマーケットに行ってきれいに包装された肉を食べるのが普通ですが、彼らと一緒に狩猟をして殺した動物をナイフで一緒に解体していくと、肉を食べるというのはこういうことなんだなと実感します。それは残酷なことではなく、こういう行為を見るのは大切なことだなと思う。僕らの生活では最後の部分しか知らないことが多いですよね。僕にとっては本当に貴重な体験でした。

カリブーは秋の季節移動で南に向かうとき、北極圏の川を渡るんですが、どこを通っていくかは毎回違います。撮影をしようとカリブーを待っていても、何日も来ないこともあります。そうすると夜の楽しみは焚き火をすることだけなんです。焚き火は本当に好きで、時々オオカミの遠吠えなんかが聞こえます。物語の世界ではなく、現実にオオカミの遠吠えを聞きながら焚き火をしていると、昔、自分が子どもの頃に読んだいろいろな物語の世界にいるような気がして、そういう時間が一番好きですね。

秋も深まってくると、だんだん夜が長くなってきます。白夜が終わるんですね。その頃になるとオーロラが見え始めてきて、冬が近づいてきたという感じがします。こういうときに焚き火の側に寝転がって空を仰いでいると、オーロラが生き物のようにものすごく動きます。皆さんにも見せてあげられたらいいなと思います。

そういう時間を過ごすと、僕らの持っている小さな悩みであるとかそういうものが本当に取るに足らないものに思えてきて、宇宙の神秘さ、世の中の不思議さに心が満たされます。

アラスカの秋は僕のいちばん好きな季節で、山の新雪と、ツンドラが赤と黄色に見事に紅葉して、本当に美しい季節なんですね。この頃になると動物も冬仕度をするので毛並みがとてもきれいになって、風景だけではなく動物もきれいになります。

秋の楽しみはブルーベリーを摘むことで、この時期はアラスカ中にブルーベリーが実ります。アラスカは寒さが厳しいので果物がなかなかありませんから、ブルーベリーをとても大切にします。家族で一週間ほど摘むと一年分ぐらいになります。それをジャムにしたりパイにしたりします。ところがアラスカ中の人々がそうしてブルーベリーを摘んでも、アラスカの九九パーセントのブルーベリーは誰にも食べられずに終わってしまいます。この時期はクマもブルーベリーをはじめクランベリーやソープベリーなどの木の実を食べているので、採集はとても気をつけなくてはいけません。人間が周囲を見ずにブルーベリー摘みに夢中になっていて、クマも夢中で食べていて、ばったり遭遇してしまうなんて話があるくらいです。

この頃になると、クマは冬眠が近づいてほぼ一日中寝ているようになります。クマは本当の意味での冬眠をする動物ではなく、うつらうつらしているだけなんですね。本当の冬眠というのはホッキョクジリスのように〇度近くまで体温を下げて、新陳代謝ももっと下げた状態のことです。冬眠中のジリスはまるで死んでいるように思えます。

アラスカは自然が厳しいのでそんなにたくさんの動物が生息することはできません。動物が食べたり食べられたりという食物連鎖の関係でいえば、アラスカはとても単純な構造になっています。太陽があって、その太陽エネルギーで植物が生息して、その植物を食べる草食動物がいて、それを食べる肉食動物がいる。動物の種類がたくさんだと関係性は複雑になりますが、種類が少ないのでまるで一本の線のように単純なのです。ということは、一つひとつの動物はこういう厳しい条件の中で生きているので強いのですが、全体の生態系としてはとても傷つきやすい。動物が一種類でも激減すると、全体に影響が出るわけです。このホッキョクジリスは他の動物によく食べられるので、その関係性がとくに現れる動物です。

そして、冬がやってきます。僕のキャビンは水も電気も通っていませんが、薪ストーブがあってとても快適です。水がないというのはかなり大変なことなんですね。冬でも川で水を汲まなくてはなりません。でも重労働でなるべくしたくないですから、どれだけ少ない水で食事を作り、洗い物などを済ますかというテクニックがとてもついてきます。冬はマイナス五〇度まで気温が下がるので、外のトイレには急いで行かないと大変なことになります。マイナス五〇度というのはどういう感じなのかよく訊かれるのですが、かき氷を急いで食べるとおでこがツーンとしますよね。あれが全身に来る感じです。とくに長い間、戸外にいると、大袈裟な話ではなくて、人と話してにこにこしていると顔の筋肉が戻らなくなって、笑顔のまま固まってしまうほどです。

アラスカの冬の生活は、春を待つ毎日なんですね。

当然、冬は川が凍結するんですが、その川沿いにポールが立っていて、よく見ると左側にロープがかけてあります。春が訪れると川の氷が溶け始めて動きだし、ポールが川の流れに持っていかれる。そうするとこのポールが引っこ抜かれるのですが、これは時計と連結していて、引っこ抜かれたと同時に文字盤が止まる仕組みになっています。そして、川がいつ開くのか、アラスカ中で毎年賭けが行われているんです。何月何日何時何分何秒に春が来るのかを賭けるわけですね。一人だいたい五ドルぐらい、今の日本円だと一〇〇〇〇円程度ですが、一番近かった人が全額もらえます。アラスカで生活している人にとって春というのは待ち遠しいものですから、これは実に楽しい祭りなんです。アラスカに春が来た瞬間にその時計が止まって、賭けが終わるのですが、これで本当に春が来たなあと実感できます。

また、実際に一番寒い厳冬期というのは一、二月なんですが、十二月の終わりに冬至が来ます。それをアラスカの人々は楽しみにしているんです。なぜか分かりますか。本当に寒い時期はまだ先なのに、日照時間が長くなってくるんですね。それまで太陽の時間が短くなっていたのが、冬至を境に七、八分ずつ日照時間が長くなってきます。本当に楽しみです。また、三月頃に小春日和のような日が突然来ることがあるんですが、そんな日にはアラスカの人々は仕事も勉強も放り投げて一日中太陽を浴びます。それほど春が待ち遠しいのです。北極圏に春が来て、雪に覆われていた大地から土が見え始めると、独特の匂いがします。この時期の土の匂いがたまらなくいいんですね。

僕は来月アラスカに戻ります。来月はもう春めいてくる頃なのですが、毎年アラスカで最初にキャンプをしてテントを張るときというのは本当に興奮するんですね。これから半年間ほど雪や土の上に寝なくてはいけないんですけれども、そういうことがまったく苦にならない。嬉しくて嬉しくてしかたがない。

皆さんもそうだと思うのですが、自分が本当に好きなことをやっていれば、他人がそれを見て辛そうだと思っても、本人にとってはそれほどではないですよね。好きなことをやるというのは、そういうことなのだと思います。皆さんもこれからの人生において自分が本当にやりたいことを、それが勉強であれ、遊びであれ、仕事であれ、そういうものを見つけられればいいなと願っています。僕は十九歳のときに見たエスキモーの村の写真がきっかけで十五年近くもアラスカと関わってきました。これから皆さんは高校生活を送るわけですが、いろんなもの、いろんな人に出会っていければいいなと思います。いい大学に入って、いい会社に入る、そういう形も人間の生き方の一つでしょう。

でもそうではなく、もっといろいろな生き方を選択する機会がある、ということをいつか分かってくれたらと思っています。僕らの人生というのはやはり限られた時間しかない。本当に好きなことを思いきりするというのは、すごく素晴らしいことだと思います。

第二章

アラスカに魅かれて

1991年6月9日、星野の出身地である千葉県市川市動植物園にて行われた講演。講演タイトルは「アラスカに魅かれて」。

二、三年前に、中学校の先生をしている友人から、何かアラスカの話をしてくれないかと頼まれたことがありました。

中学校のクラスで話すのかと思って気軽に引き受けたんですが、後で聞いたら卒業記念講演だということで、それほどたくさんの人の前で話したことがなかったので、「そんなことはやったこともないし、できるわけない」と断わったんです。しかしすでに職員会議で通っていると言われて、結局七百人ぐらいの子どもたちの前で話をしたんですね。

そのときのちょっとした思い出があって、最後に質問コーナーを設けたんですが、やっぱり七百人の生徒がいる中で子どもが手を挙げて質問するのは、結構勇気がいることなんですね。すると学年の中に一人脳性麻痺の子どもがいて、その子が手を挙げたんです。皆の前に出てきてマイクに向かって話さなくてはいけないんですが、後で先生方がその子が皆の前に出てきて話すなんて考えられないとおっしゃっていました。

その子がどんな質問をしたかというと、「人間とクマはどっちが強いですか」という質問だったんです。周りの子どもたちは笑っていましたが、実はすごく深い質問で、僕もちょっとタジタジしながら答えた記憶があります。

僕は平田小学校を出ているんですが、市川で生まれて市川で育ったんです。

僕の家は本八幡駅前なんですけれども、僕が育った頃は現在のようにいろんなものがなくて、当時は畑に囲まれたような所でした。ただ、市川といってもやっぱり東京に近いし、田舎育ちではなかったことが却って自然に魅かれていった一つの原因のような気もします。

子どもの頃を振り返ってみると、最初に「自然ってすごいな」と思ったのは「チコと鮫」という映画を観たときです。昔、小学校の四、五年生だったと思いますが、本八幡駅前に映画館があって、チャンバラ映画が好きでよく観に行っていたんです。

そしてあるとき「チコと鮫」を観たんですね。多分ものすごく古い映画なんですけれども、南太平洋のタヒチを舞台にした、チコという現地の少年と鮫の物語でした。その映画がすごく印象に残っていて、何が印象に残ったかというと、その映画の中に何度も出てくる南太平洋のシーンなんです。

「こんな世界があったのか」と、それまでチャンバラ映画ばかり観ていたのが急にそういう世界に魅せられて、ものすごくショックを受けたのを今でも覚えています。大人になってからもう一度その映画を観る機会があったんですが、すごく単純なストーリーで当時ほどの感激はなかった。そういう意味でもこの映画を子どもの頃に観ることができてすごくよかったなと、そんな気がします。

それから次に、十代の後半になると本格的に自然に魅かれていきました。

高校の終わり頃から、北海道に対する憧れがすごく強くなった時期があって、それは本当に誰もが北海道に憧れる気持ちとまったく同じだったと思うんですが、その中ですごく不思議だったことがあります。

山が好きだったものですから、高校時代から山に登り始めて、その頃からやっぱり動物に少しずつ興味を持ち出していたんですが、ある時期、ヒグマが北海道に生きているということがすごく不思議だったんですね。考えてみれば当たり前のことなんですが、自分が東京で暮らしているのとまったく同じ時間に、北海道でクマが呼吸して生きているということがすごく新鮮というか不思議だったんです。北海道でなくてもよかったと思うんですけど、今にして思うと、その思いが北の自然というか、そういうものに対して漠然と魅かれていったきっかけだったんですね。

そしてその北海道への憧れがさらに北のアラスカに移ってしまったわけですが、どうしてアラスカだったのかと今思うと、やっぱりうまく答えられなくて、カナダの北極圏でもよかったし、シベリアでもよかったと思うんです。でも自分の中で本当に漠然とアラスカに行ってみたいなと思うようになった。

その当時、全然アラスカの資料がなくて、たまたま見つけたアラスカの本の中で出合った村に手紙を出したことが自分の中ですごく大きなきっかけでした。

そのときはまだ十九歳の終わりだったんですが、結局ひと夏をアラスカの本当に小さなエスキモーの村で過ごしたんです。その村はアラスカの中でも小さくて、昔の名残りがまだたくさん残っているような村なんですけれども、そのひと夏の滞在がすごく自分にとって大きなものだったんですね。

その本は写真がたくさん載っている英語の本だったんですが、最初にその村の写真を本で見たときに、まずその写真に魅かれたんですね。本当に小さな集落が、何もない荒涼とした世界にポツンとある。それを飛行機から撮った空撮の写真で、ちょうど北極海に夕日が落ちるところを撮った、ものすごく印象的な写真だったんです。

その頃はアラスカに行くことばかり考えていた時期だったので、毎日その本を見るのが楽しみで、どうしてもそのページをめくらないと気が済まない。どうしてそんなにその写真に魅かれたのかと考えると、やっぱり自分が暮らしていた市川は、東京とそんなに変わらないし、都会で過ごしていた中で、どうしてこんな所に人の暮らしがあるのかということがすごく不思議だったんだと思います。

それで実際にその村に手紙を書いて、行けることになったんですね。

そしてひと夏過ごす中で、いろんなことがありました。村の人とカリブーや海の狩猟に行ったりして、食べ物であったり、人との関わりであったり、毎日毎日いろんな新しいことがあった。本当に楽しくてあっという間に過ぎた夏だったんですが、自分にとっては大きな旅でした。

とても面白いと思ったのは、最初写真で見たときには、どうしてこんな所で人が暮らさなくてはいけないのかと思っていたのが、自分がほんの二、三カ月その村で過ごしただけで、それがちっとも不思議ではないというか、その村の人たちと関わる中で、自分がもしその村で生まれていたら、やっぱりこの村でずっと生きて死んでいくのだろうということが何の不思議もなく感じられたんです。実は彼らはすごく豊かな自然の中で暮らしていて、どんな土地にも人の暮らしがあるんだなと思えた。

当たり前のことなんですけど、それが実感として得られたというのはとても大きなことでした。そのときはまだ学生だったんですが、日本に帰って、やっぱりそのひと夏のことがすごく印象に残っていて、どうしても離れられないんですね。でも、それが自分の中でどんなふうにまとまっていくのか、そのときは分からなかったんです。

それで、二十一歳のときに、中学時代からの親友が山で遭難して死んでしまったんです。

自分の身近な者が死ぬということが初めてだったものですから、やっぱり自分の中で整理したいというか、その事故に関して自分の中で結論を出していないという気持ちがあったんです。それで一年間いろいろ考えて、最終的に自分の出した結論は「好きなことをやっていこう」ということでした。それがすごく大きなきっかけになったんですね。

その頃からまたアラスカへの思いが自分の中にもう一度戻ってきて、アラスカにもう一度帰りたいなと思った。今度は短い時間じゃなくて、その土地で暮らしていきたいという思いが強くなってきたんですね。

それで大学を卒業する頃になって、なんとか自分の将来を決めていかなくてはいけないというときに、漠然と自然と関わる仕事をしていきたいと思ったんです。

今は写真を撮っていますけど、その当時はカメラもちゃんといじったことがなくて、写真を見るのは好きだったんですが、自分で写真を撮ることはほとんどしていなかったんです。ただ、もう一度あの場所に戻ろうという気持ちはどうしても拭い切れなくて、「じゃあ写真やろうかな」と思ったんですね。動機はすごく不純ですけど、そういう形で僕は写真を選びました。

それで写真のことが何も分からなかったものですから、動物写真家の助手を二年間しました。当時はアラスカに行くことばかり考えていたものですから、助手は早くやめてアラスカに行こうと考えていました。ただ、助手をやってよかったと思ったのは、それまで毎日アラスカのことだけしか考えていなかったのが、その二年間の時期に少し頭を冷やして、現実的にどうしようかとじっくり考える時間を与えられたことでした。

そして二年間、助手を経験した後、四、五年ぶりにアラスカに戻りました。

そのときには写真を通してアラスカの自然を撮っていきたいと思っていたのですが、助手をやったといっても、本当に荷物担ぎをしながら二年間を過ごしただけだったので、実際にはアラスカに戻ってから自分で本格的に写真を撮り始めたんです。

それにアラスカの自然はものすごく大きいので、最初はどこから手をつけていいのか分からなかったんですね。ただ、行く前からアラスカでやろうと思っていたことがびっしり決まっていたので、それを一つひとつ消化していった時期で、写真を撮るというよりは、アラスカの自然に自分の肌で触れていった時期でした。だから最初の三、四年はほとんど写真が撮れなくて、いつもザックを背負ってただ歩き回っていた気がします。

もうそれから十三年経つんですけれども、最初は五年間アラスカにいて、その五年間でやった仕事をまとめて「アラスカ」という写真集を作ろうと、本当に漠然と考えていたんです。でも、撮っていく中でそれがどんどん変わっていって、五年という時間はなんて短いんだろうと思いましたね。最初の五年があっという間に終わって、すでに十年が過ぎてしまいました。

どうして自分がアラスカに魅かれていったのかと思うと、アラスカという土地が持っている自然の壮大さはもちろんあるんですが、やっぱりそこに人がいたということが大きな理由だったと思います。

人の暮らしがそこにあるというのはとても興味深くて、もちろんアラスカだけではなくて、日本にだっていろんな人の暮らしがあるけれども、アラスカはそれをすごくストレートに見せてくれたんですね。皆が本当にそれぞれの生き方で生きていて、人の暮らしが持っている多様性というか、それが原野で生活している白人であれ、エスキモーであれインディアンであれ、やっぱりそれぞれに問題を持っていて、そういう人の暮らしがアラスカに魅かれていった大きなきっかけだったような気がします。

日本からアラスカを見た場合に、すごく遠い世界のような気がするけれども、でも基本的には、やっぱり人が生きていくベースというのは変わらないんじゃないかと思うんです。日本にだって自然はあるし、そういうふうに見ていくと、アラスカで自然と関わりながら生きている人たちと日本の中で生きている自分はそれほど遠い存在ではなくて、やっぱり人が暮らしていくという意味で大きな共通点を持っている。アラスカの人たちの暮らしも自分と全然無縁ではないんじゃないかと思えてきたんですね。

それで結局十年過ぎてから、ここで生活していこうと思い始めたんです。

アラスカで暮らしていこうと思った理由はたくさんあるんですが、一つには、自分が写真を通してアラスカに行こうと思ったときに、そこで過ごした十年が本当に短い時間だったということが自分の中ですごくよく分かったということがあります。一つのものを真剣に見つめていくときに十年というのは本当に短い時間で、もっともっとここに根をおろして生きていきたいなと思いました。

最初の頃は冬も向こうで過ごしていたんですが、この三、四年は何かしら用事があって日本に帰ってくることが多く、アラスカで冬を過ごさない年が続いています。

冬は当然アラスカの中で一番寒い時期で、とくに僕がいるフェアバンクスは冬になるとマイナス五〇度まで下がるんですね。だから冬になるたびに日本に帰っていると、アラスカの友人たちが「お前はズルをしている」と僕に言う。つまり「冬を越していないのにアラスカに住んでいるなんて言えないんだ」という、それは半分冗談なんだけど、半分真実なんです。

ところが僕は、季節の中でいうと冬がすごく好きなんですね。いつも暮れになって日本に帰らなくてはいけないときに、どうして今年もまた冬を越せないのかって、いつも残念なんですけど。そんなことがずっと続いていたので、やっぱりゆっくり過ごしたいというか、その頃からアラスカに根をおろしていきたいという気持ちが強くなってきたんです。

実際は今までも一年の十カ月以上はアラスカで過ごしていたわけですが、今考えてみると「旅をしていた」という気持ちが強かったような気がしますね。

いざ根をおろしていこうと思うと、やっぱりいろんなことが違って見えてきて、今まで見ていたものがすごく新鮮に見えてきたり、新しい発見があったり、そういう面ではよかったと思っています。実際に根をおろしていくと、慣れてしまって、新鮮に見えなくなってくることもあるんじゃないかとよく他の人に言われるんですが、でもやっぱり根をおろしていかない限り見えてこないものもあって、僕はこれからアラスカで暮らしていく中でそっちの方にかけてみたいなと思っているんです。

さて、僕が日本に帰ってきたのはつい先週なんですが、アラスカは今ちょうど春が始まった頃です。

半年くらいずっと続いた冬が終わって、太陽が完全には沈まなくなります。つまり夜がないんですね。長い冬が終わったものですから、もう皆は太陽が沈まないということが嬉しくて嬉しくて、半年間の冬の暮らしの中でできなかったことや、これから夏に向けてやりたいことで頭がいっぱいになる時期です。

そして夏を本当に忙しく過ごして、九月頃になると秋がやって来て、その頃には皆疲れ果てているんですね。夏に動きすぎてしまうんです。それで秋になると疲れてぐったりして、冬を迎える頃にはすごく気持ちが落ち着いていく。やっぱり冬が長いということは、北の暮らしの中でそれだけ気持ちを左右するものなんです。

秋になると、アラスカはたくさんの木の実で覆われます。

アラスカには土産の果物がないので、生活している人たちはこの時期に野生の木の実をたくさん採って大切にします。一年分のブルーベリーやクランベリーの実を集めて、ジャムにしたり、冷凍して保存したりするんですね。夏になるとアラスカのお店では空のジャムの瓶が一ダース、二ダースという形でたくさん並びます。その瓶を買っておいて、秋になるとそれぞれの家でジャムを作ります。この時期、やっぱりクマも同じ木の実を食べています。

アラスカの秋は本当にいい季節で、よく日本の方から「アラスカにいつ行ったらいいのか」と聞かれますが、最初に来るとしたら秋がいいと思います。

もちろんそれぞれの季節がいいんですが、八月の終わりから九月にかけて、赤と黄色の絨毯のような世界に覆われる紅葉の季節は本当にいい時期です。

もう一つ、この時期になるとオーロラが出始めるんですね。

皆さんはオーロラは冬しか見られないという感覚があると思うんですが、実際は八月から九月にかけてよく見ることができます。この頃になると、もうだんだん暗くなってくるからなんですね。アラスカでは十一月になると太陽が十一時頃に出て、十四時前には沈んでしまいます。太陽が出るといっても、頭の上には昇らず、朝日が出て、そのまま夕日になってしまうという、そういう時期です。

冬の暮らしはとても長く、暗い日がずっと続くので、オーロラにはやっぱりどこかで慰められます。

昨年面白いことがありました。アラスカでいちばん大きなアンカレッジという町でちょっとタクシーに乗る機会があったのですが、ちょうどタクシーに乗っているときにオーロラが出ていたんです。そのタクシーの運転手さんはアラスカでずっと生きてきた人なんですけれども、オーロラを見ながら運転していて危ないなと思っていたのですが、やっぱりアラスカに住んでる人はオーロラが出ると嬉しくてつい見てしまうんだなと思いました。

僕が最初にオーロラを撮影に行ったとき、厳冬地でキャンプするのは初めてだったし、マイナス四〇度近く下がっていたので、そのときはあまり行動できなくて、暗くて寒い世界でした。一カ月間ずっとオーロラを待つだけのキャンプだったんです。

そのときはオーロラを撮りたいという気持ちがあったので、一カ月という時間の感覚を、あまり自分の中では現実的に想像していなかったんです。ブッシュパイロットという小型飛行機で降りるんですが、一カ月したら迎えに来てくださいとお願いします。つまり、こういうキャンプの場合、帰りの日付をちゃんと確認しておかないと駄目なんですね。でも、セスナで雪山の中に入ったときですら、一カ月後にセスナが迎えに来るということがあまり実感としてなかったんです。

それで、実際にその生活が始まると一カ月って結構長いんですね。

こういう所でキャンプしていると、人に会うことはまったくありません。一カ月近く人と話すこともないんですね。もちろん自分がやりたかったことだし、それは分かっているんですけど、それでも「どうして一カ月も一人でこんなところに……」と思うこともあるわけです。

夏の場合、いろんなことが周りで起きて、自然がすごく豊かで、やることがたくさんあるのでそういう気持ちはあまりありません。だから夏なら一カ月一人で過ごしても別になんでもないことなんですけど、冬の場合は一カ月という時間がものすごく長いんです。孤独感というほど大袈裟なものではないんですけれども、やっぱり寂しい。一日一日日記を付けて、カレンダーを消していくことがすごく嬉しいんです。

そして一カ月経って、オーロラの撮影ができて、セスナで帰るというときに、もう二度とこんなことやるまいと思いました。どうしてこんなことを一カ月もやっていたんだろうと。ところが一年二年経つとそういうことは忘れてしまって、もう一度行こうかなと思ったりするんですね。

冬が終わると、白夜の季節になります。

ずっと暗い冬を過ごした後なので、この時期になると夜がなくなって太陽が一日中あることが本当に嬉しいんです。でも、そういう状態が一カ月、二カ月と続くと、だんだん夜が恋しくなってくるんですね。八月頃になると夜がだんだん暗くなってきて、久しぶりに星を見るんですけど、すごくホッとする感じがあります。白夜の時期は一日中暗くならないので、時間の感覚がバラバラになって、そういうとき僕は昼間のうちは寝て、夕方から明け方まで行動するような感じです。とても気持ちのいい、光線もすごくきれいな時期です。

五月頃の雪解けの時期には、春の季節移動で毎年何十万頭というカリブーがアラスカからカナダ北極圏に集まってきます。

北極圏野生生物保護区というカリブーが出産をする場所に、毎年春になると行ってカリブーを撮ります。すごく不思議な土地で、僕らがよく思うような風景のきれいさはないんですけれど、やはり人がほとんど入ってこない地域なので、とても神秘的な感じのする場所です。

春が始まってくる時期というのは、どんどん雪が溶けてきて川が流れ始めます。

南からたくさんの渡り鳥が渡ってきて、自然が息づいていく様は本当にびっくりするほどです。一見生命のかけらさえもないような世界に見えるんですが、実際は何週間もかけてゆっくり春が始まっていくんですね。こういう場所に一カ月ぐらいいると、必ずオオカミと何回か出合います。こういう所で出合うオオカミは近くまで寄ってくるということはないんですけれども、本当にオオカミなんかが生きている世界があるんだなと、すごく不思議な気持ちになります。

そしてこの時期、カナダの北極圏やアラスカの南の方からたくさんのカリブーの群れが集まってきます。カリブーの季節移動が始まると、本当にアラスカに春がきたという感じがしますね。

カリブーの季節移動には出産という大きな目的があります。彼らはそのために三、四〇〇〇キロを移動する大きな旅をしてくる。最初、雌の群れがやってきて、雄の群れは

二、三週間遅れて入ってきます。雌の群れは、ほとんどが身ごもっているんですね。
アフリカにヌーというやはり長い旅をする動物がいますが、カリブーの季節移動も同じように陸上で残されたすごく壮大な集団行動ですね。エスキモーやインディアンの生活は狩猟に依存しているので、カリブーが自分の村の近くを通って行くように、昔からカリブーの季節移動に沿って多くの村が点在しています。北極圏全体の人の暮らしを含めて、カリブーの季節移動が生態系にすごく大きな意味を持っているんですね。

身ごもっているカリブーは出産が近くなると、群れの行動から脱落して子どもを産みます。産まれたばかりの子どもはしばらく親に付いて走ることができないので、親子は群れから外れますが、子どもが速く走れるようになると元の群れに戻っていきます。この時期にはオオカミやクマが周りにいて、カリブーの子どもがたくさんやられます。産まれたばかりの子どもは怖くて川も渡れないんですね。母親が何度も行ったり来たりして子どもを元気づけてやっと渡るんですけれども、クマやオオカミもそういうことを知っていて、その川沿いをいつもチェックしています。

この時期はまだ雪が残っていてすごく寒いんですけれども、まだ餌も何もない厳しい状況でカリブーが子どもを産んでいく瞬間を目の当たりにすると、北極圏の生態系はすごく微妙なバランスで保たれていて、とても傷付きやすい自然なんだけれども、一つひとつの生命を見ると本当に強いんだと、そんな感慨を持ちます。

ある年の秋、カリブーの移動を川辺で待っているときに、その場所から二〇〇キロ近く離れている村からやって来た家族がいて、僕はその父親をよく知っていたんですね。ちょうど彼が子どもを初めての狩猟に連れてきたところにばったり会ったんです。

その父親は植物学者なんですが、エスキモーの村に住み、子どもを育てています。カリブーという大きな動物を自分で撃って殺す経験を幼い頃にするというのは本当にうらやましいと思いました。子どもたちが自分の体の何倍もあるカリブーを、父親に教わりながら自分の腕でナイフで解体する。それは一見残酷なようで、実はいろんなことを教えてくれるような気がするんです。

エスキモーやインディアンと狩猟に行くと、まず大きなムースの舌を切って焼き、残りの体はそのままの状態で先に舌だけを食べるんですが、そういったことを通して、肉を食べるというのはこういうことなんだと教えられるんですね。いつも感心するのは、彼らがカリブーやムースを解体していく方法なんですけれども、本当に一本のナイフで一頭の動物をきれいに分けていく、その行為がとても美しいんです。

その一方で、ときにそうではない狩猟に出くわすこともあります。つまりスポーツハンティングといって、肉を食べる目的ではなくて、例えば動物の頭を飾るために狩猟をする。そういうハンターが日本からもヨーロッパからもたくさん来ます。

彼らのハンティングはやはり違うんですね。動物を食べるためではなくてただ飾るために殺す。そういう場合に動物を解体していく方法は、例えば頭を切るときに斧を使うんです。それは同じ動物を解体する行為でも、一本のナイフできれいに解体していくのとは全然違うことなんです。後者の場合は死んだ動物に対して尊厳を持っているような気がするんですが、殺すということは同じでも、斧で砕いて動物の頭を外していくという、それは全然違う狩猟だと思います。

それはクジラ漁の場合も同じです。クジラ漁でとてもいいシーンは、やはり捕獲したクジラを解体するところなんですね。最終的には皆で分けるんですけれども、クジラを獲ったクルーがそのクジラを解体する権利があって、だからクジラを解体するというのはすごく誇りのあることなんです。

ところが若い連中はまだどうやってクジラを解体したらいいかよく分からない。それで必ず周りに年寄りが付いているんです。年寄りが指示を与えながらクジラの解体が進んでいくんですけれども、そういう風景はすごくいいなと思います。年寄りがそういう形で力を持っているということにホッとするんですね。年寄りがどこかで力を持っている社会は健康な感じがする。若い連中も年寄りに対して一目置いていて、そういう風景は見ていて本当にいいですね。

クジラの解体が始まる前に、みんなでマクタックというクジラの黒い表皮の部分を食べるんですが、それがとてもおいしくて、本当に二時間ぐらい前まで北極の海を泳いでいたクジラの肉を自分が食べているというのはすごく不思議な気持ちがします。

クジラ漁がどうやって行われるかというと、セミクジラというクジラが七月の終わりぐらいになると南から北極海に向けて渡ってくるんですけれども、エスキモーはウミアックという、アザラシの皮で作った皮のボートを漕ぎながらクジラを追います。

ベーリング海から北極海にかけて氷がびっしり張っているんですが、この時期に風や潮流の関係で少しずつ亀裂ができてくるんですね。その亀裂が長い小さな海を作って、それが点々と北極海に続いていく。その小さな海のことをリードと言います。クジラは哺乳動物ですから海面に出て酸素を吸わなくてはいけないので、リードに沿ってずっと北上してくる。そこで彼らは、リード沿いにクジラ漁のキャンプを張ります。

つまり、そのリードの広さというのがすごく重要なポイントになってきて、リードが広すぎてもクジラを追い切れないし、リードが狭すぎてもやはり銛を打った後、クジラが氷の下に逃げてしまって、最終的には死んでしまうかもしれないけれど獲れない。だからリードがある程度の広さになるまで彼らはじっと待ちます。年によっては本当に小さなリードしかできないこともあって、池みたいな小さな海の中からクジラが潮を吹いているのに、どうすることもできなくて、ただ見ていたこともありました。

ちょうど僕が行った年に、なかなかいいリードが開かなくてずっとクジラが獲れない時期が続いたんですね。

　日にちがどんどん過ぎていって、もしかしたら今年は獲れないんじゃないかとすごく不安になっていたんですが、ある日、クジラが獲れたというニュースがキャンプに入ってきたんです。だいたい村に十五艘ぐらいのボートがあって、それぞれのクルーがクジラを探しているわけなんですが、その中でどこかのクルーがクジラを獲ったというニュースが入って、もうキャンプ中が騒然としました。

　本当にクジラが獲れたというニュースだけで、誰もが胸が込み上げてくる感じだったんです。それで、一目散に自分たちのウミアックでそのクジラを獲った場所を目がけて行くんですね。誰が獲ってもクジラの肉は村人全員で分けるけれど、一艘のウミアックでクジラを引いてくることは不可能なんです。だから皆で引っ張ってこなくてはいけない。なぜ一目散に行くかというと、これがおかしいんですけれども、先に着いた順にクジラの分けられる肉の場所が決まってくるわけです。だから一生懸命漕いでその場所に行く。

　皆でクジラを引いて帰ってきたときに、今でも印象に残るシーンがありました。

　そのときに僕らのキャンプにいたおばあさんがクジラが獲れないということが悔しくて悔しくて、もしクジラが獲れなかったらその年クジラの肉は食べられないわけだから、それでもう本当にがっかりしていたんですが、そこにクジラが獲れたというニュースが入った。クジラをみんなが引いて帰ってくるというので、僕はカメラを持ってこようと思ってキャンプに戻ったら、そのおばあさんだけがそこに残って、海沿いの氷の上で、歌いながら海に向かって踊っていたんですね。最初何をやっているのかよく分からなかったんですが、近づいたらおばあさんは涙を流していました。その踊りはおそらくクジラに感謝する踊り、昔から伝わるクジラが獲れたときの感謝の踊りだったと思うのですが、そのおばあさんがたった一人で踊っているシーンを今でも覚えています。

今、彼らの暮らしは大きく変わりつつあって、その中でいろんな問題が出てくるわけですが、伝統的な暮らしが少しずつなくなっていく中でクジラ漁は彼らにとってとても大事なものなんです。

もちろんクジラを食べるということもあるんですが、もっと大きな別の問題、つまり自分たちが誰なのかということを、彼らはクジラ漁を通して意識できるような感じがします。暮らしが変わっていく中でだんだん自信を失っていくという状況にあって、クジラ漁に参加している若い連中の顔を見ていると本当に誇らしそうなんですね。そういう意味でクジラ漁は、彼らが自分たちの文化を守っていく最後の砦のような感じがします。

それで、クジラ漁では全員が一体になって働かなくてはいけないんですが、僕はクジラ漁のときに何をやっていたかというと、料理の担当だったんです。

それぞれのクルーのキャンプがあって、誰か男が料理を作ることになっているんです。

僕は日本の料理も結構作って、とても評判がよかったんです。カレーライスも皆に食べさせました。他のキャンプからトレードじゃないですけど、あるときクジラ漁が終わった後にクルーのキャプテンが来て、「両親は日本にいるのか」と訊かれました。何の話かと思ったら、その家の娘さんのムコ養子にならないかと言われたんです。日本で考えると外国の人から縁談を持ち出されるのはすごく特別な感じがしますけど、向こうでそういう話があったときは、そんなふうには思わなかったんです。

つまり僕らが思っている僕らと白人との距離よりも、僕らと彼らとの距離の方が感覚的に近い気がするんですね。

いつも思うのが、どうして彼らの世界に入っても僕は違和感を感じないのかということです。ちょっとした感じ方というか、一つはよく話すんですけれども、恥ずかしがる感覚ってありますよね。その感覚が日本人と似ているんです。

これは僕の勝手な意見なので正しいかどうか分からないけれど、日本人の子どもは、よくお客さんが来たときに柱の陰に隠れてしまうことがありますよね。その感覚はやはり彼らの子どもにもある気がします。つまらないことなんだけれども、僕はそういう感覚が共通していることにすごく安心するんですね。だから村のお年寄りと話していても、どこか自分の祖父、祖母と話しているような親近感を覚えるんです。

しかも、僕はとりわけエスキモーの人たちと顔が似ているらしくて、初めて訪れる村では必ず「どこの村から来たのか」と訊かれます。

僕はいつも日本人の顔はインディアン系とエスキモー系に分けられると思うんですが、僕の顔はインディアンの方でも通用するみたいです。初めて行ったインディアンの村でのことでした。僕を世話してくれる人が、空港で小さな飛行機が着くところに迎えに来てくれるはずだったんです。飛行機から降りて、最初しばらく人がいたんですが、やがて荷物を下ろしているうちに誰もいなくなってしまいました。それでしかたなく自力でその人のところに行ったら、「ずっと待っていたんだけど、誰も日本からの人が来なかった」と言われてしまったんです。そんなふうに、僕が彼らとモンゴロイドとして似ているということは、いつもホッとする部分です。


さて、だんだん雪解けが始まってくると、それまで雪の上にあったテントを土の上に移します。土の匂いは、本当に春の匂いなんですね。キャンプを張るときは長い間そこにいるので、どこに立てるかというのはすごく大事なことで、いろんなことを考えながら一番いい所にベースキャンプを作るんです。

そしてこの時期は、よくクマに出合います。でもクマは人間の姿を見ると必ず一目散に逃げて行きます。それはとても自然なことで、クマが人間を襲うというのはどちらかというとまれなケースだと思います。他の動物にとって人間はやはりとても恐い存在で、できたら避けたい動物なんですね。

ただし、僕は国立公園の中のクマは恐いと思います。

なぜかというと、自然の状態ではクマは向こうから人間に対して自然な距離を保ってくるわけですが、国立公園の中は人間がたくさん入り込んでいるので、その距離が狂っているんですね。その距離が狂っている状態でクマが人間と出合った場合に事故になりやすい。それ以外の状況では、僕はほとんどクマに対する恐怖心を持ちません。

知り合いのクマの研究者で、ベリー・ギルバートという大学の野生動物学部の教授がいるんですが、彼は十年以上前にイエローストーンというところでクマの研究をしているときに、クマに襲われて顔の半分を失ってしまったんです。ちょうどその事故があったときにすごくいいリレーでヘリコプターで運ばれて、九〇〇針ぐらい縫ったけれども奇跡的に命をとりとめたんです。

ベリーはそれから十年ほど経ってからもう一度クマの研究を始めた人で、何年か前の秋に、僕は彼とずっと一緒にクマを観察しながら過ごしたんです。一度クマから自分の命を奪われそうになっても、もう一度クマと関わっていこうとする。その生き方にすごくいろいろなことを考えさせられました。

クマはすごく人間に近いところがあると思います。

春先、まだ残雪がたくさん残っている時期に、クマは山から下りてくるんですが、ほとんどの場合、残雪を歩いて横切らないんですね。ではどうするかというと、残雪に入った途端にピョコンと座って、お尻で残雪の上を滑っていくんです。嘘のような話なんですけれど、僕はそれを何度見たか分かりません。どうしてあいうことをするのか不思議に思うんですが、クマはそういう遊び心のようなものを持っている気がします。

クマは二月頃、冬ごもりの穴でだいたい一頭から三頭の子どもを産みます。

冬ごもりのクマの研究をしている友人がいて、この三年ばかり毎年三月から四月にかけて、一緒に冬眠しているクマを探しに行きます。冬になる前に何頭かの首輪に発信機をつけて、野生のクマの行動を調べるんですけれども、冬の間に発信機が駄目になってしまって、必ず三月から四月にかけて発信機を取り換えなければいけないんですね。

それで、そのクマが冬眠している場所を探しに行かなくてはいけないんですが、どうやって探すかというと、まず飛行機で一日かけて発信機の電波がどの山や谷から出ているかを探すんです。その調査では僕の住んでいるフェアバンクス周辺のクマを調査しているんですけど、それでだいたいこの谷にいると分かると、次の日に歩いてスキーや輪かんじきを使って山の中に入ります。一日かけてその巣穴を探すんですが、だいたいその近くに来ると、もう一〇メートル以内にいるという所まで発信機で辿ることができます。そこまで辿り着くと、研究者はクマがどこにいるかだいたい分かるんですね。雪面をじっと見て、ちょっとした呼吸穴を見つけるんです。

そうやって巣穴を見つけるんですけど、今年はものすごく雪が多い年だったのでなかなか見つからなくて、やっと夕暮れになって分かったんです。

ところが一四、五メートル四方にいる、この林の中にいるということが分かっても、やっぱりそのポイントを見つけないと駄目なんですね。雪が深いと二メートル近く穴を掘らなければいけないので、その一点を見つけるのはすごくむずかしいんです。もしかしたら自分たちがいるこの真下に寝ているかもしれないし、すごく気を付けて行動しなければいけない。

そのときは、いろんなところを掘ってもなかなか見つからなくて、みんなちょっと焦ってきていて、それでもしばらく掘っていったら、雪の二メートルぐらい下に小さい穴が出たんですね。雪の穴なんですけれども。

それでメンバーは必ず四、五人で行くんですが、誰かが本当にクマがいるかどうか穴の中に顔を突っ込む役をやらなきゃいけない。穴の中は暗いですから、懐中電灯で中を照らすんです。そのとき、今でも思い出すとおかしいんですけれど、彼は潜っていって、懐中電灯で小さな穴をぱっと照らした途端に、後ろにのけぞり返ったんです。懐中電灯で照らしたところにクマの顔があったんですね。クマは冬眠しているといっても、うつらうつら寝ているだけですから、懐中電灯で目の前で顔を照らされた瞬間、フーッと彼に息を吹きつけたらしくて、もうびっくりしていました。

そういう形でクマの巣穴をこの三年ほど見ているんですが、やっぱりものすごく感動します。毎年夏の時期にも、地上を歩いているクマやサケを獲っているクマを見ているわけですが、それとは違う状況で、穴の中でずっとうずくまりながら半年間過ごしているということがとても不思議なんですね。

それと、子どもに乳をあげているときのクマは本当に優しい顔をしていて、見ていて飽きないですね。

例えば、クマが家族でサケを食べに川に来るとき、子グマは川岸に置いていきます。あるとき、二組のクマの家族が同じ川でサケを獲っていて、子グマが両方岸に残されていました。片や一頭の子グマで、片や三頭の子グマでした。最初は離れていたんだけれども、ずっと川岸に残されていたので、お互い興味を持ってだんだん近づいて、そのうち一緒になっちゃったんですね。すると一頭の母グマが慌てて帰ってきて、もう一頭の母グマも慌てて帰ってきたんです。喧嘩になるかと思ってずっと見ていたんですが、喧嘩にはならずに終わりました。

こういうときは、まず一瞬にして母グマが逃げて、その後を子グマが付いて逃げるんですが、そのときは一瞬の出来事だったので、子グマが自分の母グマではない方に付いて逃げてしまったんです。そういうケースはよくあるんですが、そういう場合でも、もし元に戻れなかったときは、ほとんどの場合、はぐれた子グマをそのまま育てます。それはクマが持っている不思議な習性で、よく四頭の子連れのクマを見るんですけれども、多くの場合、一頭は自分の子どもではなくて、何かの理由ではぐれたクマを一緒に育てているんですね。

クマはそういう部分を持っていて、それはすごく面白いなと思います。カリブーなどはそういうことは絶対になくて、どんなことがあっても自分の子ども以外は育てません。でもクマにはそれがあるんですよね。

第三章

めぐる季節と暮らす人々

1993年２月11日、北海道上川郡清水町で行われた写真展
「アラスカ　風のような物語」に際して行われた講演。

この写真展は六日から始まりまして、今日が最終日なんですが、十勝で写真展をするのは初めてのことで、北海道では今まで札幌と函館でやっているんですけれども、今回清水町でやって本当によかったと思っています。

短い時間でしたけれども、本当にいろんな人と会えて、話せたことがすごくよかったと思います。

この近くに宝龍というラーメン屋さんがあって、とてもおいしくて、何度も食べに行っているのですが、その宝龍の皆さんが写真展を観に来てくれたんです。まだ仕事中だったので、エプロンや帽子のまま来てくれて、やっぱりそういうことがすごく嬉しかったんです。昨日もその宝龍のオーナーの方が来てくれまして、ちょっとお話をしました。その方はとても自然が好きで、お店の定休日である毎週火曜日には、必ず山に登ったりしているそうです。それで、帰り際に「こういうふうに、一生自然と関わって仕事ができるなんて、本当にうらやましい」と彼から言われたのですが、本当にそうだと思って、昨日はその言葉がずっと頭の中に残っていました。

今は交通手段が発達してきて、世界が狭くなったとよく言われます。例えば清水からアラスカまで、うまく飛行機の連絡がつけば一日で行けてしまうんですね。でも、僕は世界が狭くなっているというのは嘘で、やっぱり世界は広いなという意識をいつも持っています。なぜかというと、例えば自分がこの清水に来て、この一週間だけでもこれだけたくさんの人たちと出会って、話して、ここの人々の暮らしが分かってくる。そうすると、清水がどういう場所でどういう人々が生きているのかということが、すごく短い時間なんだけれども、やっぱり分かるんですよね。

結局、世界中簡単に飛び回ることはできるけれども、世界の広さというのは、そこに少し立ち止まって、人と話をして、一人ひとりの暮らしを通してしか絶対分かり得ないと思います。自分が世界地図を見たときに、北海道の清水にはこういう人やああいう人がいて……というふうに思いを馳せることで、少しずつ世界の広さを実感できるような気がして、それは自分がアラスカにいていつも感じることです。

僕はもうアラスカに十四年いるんですが、これからもたぶんずっとアラスカで暮らしていくと思います。

どうしてアラスカなんかに住むんだろうという疑問もあると思いますが、僕の中ではとても自然なことでした。よく「思いきった決断だね」と言われることもありますけれど、自分では全然そんなつもりはありませんでした。それに最初に行った頃は、まさかこういうふうに暮らすようになるとは思わなかったんですね。

最初は五年ぐらい写真を撮りに行こうと思っていたんですが、結局二十代から三十代にかけてほとんどずっと向こうにいて、気づくとそれが十四年になっていたという感じです。だから自分では、自然に向こうに住むようになってしまったという感じなんですけれども。
　僕は十代の頃から北の自然が好きで、とくに北海道に対する憧れがすごく強かったん
です。北海道に行ってみたい、暮らしてみたいという思いが漠然とあったんですね。坂
本直行さんの本がとても好きで、ずいぶん読んでいました。直行さんの絵も好きだった
のですが、むしろ自然との関わり方がとても好きでした。今でもアラスカの家の本棚に
は直行さんの本がたくさんあって、向こうで読むととても懐かしい思いが甦ります。
　それで十代の終わりのことだったんですけれども、北海道よりも北のアラスカに行っ
てみたいという気持ちが強くなったんです。
　ところがもう二十年以上も前の話なので、当時はアラスカの資料なんて何もなかった
んですね。それでいろいろ探したところ、神田の本屋さんでようやくアラスカの写真集
を一冊見つけたんです。アメリカで出版された英語の本だったんですが、写真がたくさ
んあったので、毎日繰り返し眺めていました。次のページをめくる前にどういう写真が
来るか分かるほど、その本が好きだったんです。
　その中に一枚とても気にかかる写真があって、それは小さなエスキモーの村を空撮し
た写真でした。ちょうど北極海に太陽が落ちる瞬間を逆光で空から撮った写真で、本当
に何もない広野にポツンとその集落があるんですね。その写真がとても好きで、だんだ

んその写真の中の人の暮らしが気になってきたんです。「どうしてこんなところに人が暮らしているのか」と。

僕は千葉で育ったんですが、東京と大して変わらない都会なので、その小さな村で人が暮らしているということがとても不思議で、何度もその写真を見ているうちにその村へ行ってみたくなったんです。写真のキャプションに村の名前だけ書いてあったので、「あなたの村で暮らしたいので誰か世話をしてください」という内容の手紙を書いたんです。つたない英語でしたし、絶対返事は来ないだろうと思って、まったく同じ手紙を六通出したんですね。地図で北極海沿岸のなるべく小さな村を探して、村の名前だけを変えて出した。具体的な住所も名前も知らないわけで、それぞれの村の名前と、あとはアラスカ、U.S.A.と書いただけでしたから、半分以上の手紙は宛名不明で返ってきてしまいました。

でも、半年くらい経ってから、自分がいちばん最初に行きたかった村のある家族から返事が来たんです。もう返事を期待していたことすら忘れてしまっていたんですが、ある日学校から帰ってきたら郵便箱に外国郵便が入っていて、もう何がなんだか分からないくらい嬉しかった。

とても短い返事で、「来てもいいよ」と書いてあったんです。その時期に来ると、ちょうど猟などの仕事がたくさんあるから手伝ってほしいということでした。その頃アラスカは夢のように遠い存在だったので、ようやく現実のものとして自分の前に来たような気がして、毎日毎日その返事を読み返していました。

それで、次の夏にその村に行って、返事をくれた家族とひと夏を過ごしたんです。

その村は海岸エスキモーの村で、クジラは獲れませんでしたが、海岸にはアザラシやセイウチ、内陸にはカリブーやクマがいて、狩猟生活に頼っている村でした。本当に小さな村だったので村人は皆知り合いで、とても楽しい三カ月でした。

帰るとき、本当に来てよかったと思ったんですが、帰ってきてしばらく経ってから、何がよかったのかと考えてみたんです。

最初は写真を見て、「どうしてこんなところに人の暮らしがあるのか」と不思議に思っていたわけですが、実際に三カ月暮らしただけで、例えば自分がその村の若者として育っていたら、自分がその村に生まれて他の世界には行かないまま一生を終えて死んでいくということが何も不思議ではないと実感として分かったんです。そして、その実感は僕にとってとても大きなものだったんですね。

当たり前のことですが、やっぱりどの民族でもどの国でも、そこに暮らしている人にとってはその場所が世界の中心で、そういうふうに世界は成り立っているんだということが本当の実感として分かった。それが僕にとって旅のいちばん大きな収穫でした。

その後日本に帰ってきて、まだアラスカに戻るかどうかは決めていませんでした。また学生生活が始まって、自分の方向について迷っていた時期だったんですね。ちょうどそんなときに、ちょっと個人的なことなんですけれども、自分にとっては大きな事件があって、僕の子どもの頃からの親友が山で遭難して死んでしまったんです。自分にとって身近な人間の死というのは初めてだったので、どういうふうに対処していいかよく分からなかった。いろんなことを将来一緒にやっていこうと話していた友人が急にいなくなってしまったものですから。

それまで自分の一生についてあまり一生懸命考えたことはなかったんですが、その友人の死が、初めてこれからどうやって生きていこうかとまじめに考えるきっかけになったんです。それで一年間くらい考えて、パッと結論が出たんですね。単純なことなんですけれども、本当に好きなことをやっていこうと思ったんです。

そういうふうに思ったときに、アラスカが自分の中で強く甦ってきて、もう一度アラスカに戻りたいと思いました。その頃はまだ学生だったんですが、大学に行ってもなんとなく違和感があって、もっと違う世界に行きたいというか、もっと自分が今やりたいことをやっていかなくてはいけないと思ったんです。

僕はそれまで写真を撮ったことがなかったんですが、写真を見るのはすごく好きだったので、写真をやろうと思いました。アラスカに戻って、アラスカを旅しながら写真を撮っていこうと。だから、僕にとっては最初に写真があったのではなくて、アラスカの自然に関わって仕事をしていきたいという思いが先にあったんです。

先ほども言いましたが、最初は五年ぐらいとにかく頑張って、それで何とかアラスカをテーマにした写真をまとめたいと思っていました。それが十年経ち、もう十四年になってしまったんですけれども、どうして自分がこんなにアラスカに魅かれるのかと考えたときに、一つにはやっぱり自然の魅力があるんですね。アラスカの自然は、アメリカでも最後に残された手つかずの自然です。開拓時代の北海道が日本の四倍くらいの大きさで残っているようなところなんです。

そういう自然に対する憧れはもちろんあるんですが、もう一つ、やっぱりそこに暮らしている人々にすごく魅かれたということがあります。

例えば、南極にもやはりすごい自然はあると思うんですけれども、きっと自分は南極には魅かれないだろうなと思うのは、そこに人が暮らしていないからです。アラスカにはエスキモーやインディアン、またアメリカ本土から渡ってきた白人がたくさん住んでいます。そういう意味では北海道ととても似ている部分があるんですが、いろいろな人間がいろいろな価値観を持って生きていて、そういうさまざまな人々の暮らしに出合えるということが、自分が十四年アラスカを旅している理由だと思います。

今でも電気も水道もない原野で暮らしている白人の家族や、そういうさまざまな人間がアラスカに生きていて、そういう人の暮らしの多様性というものが、すごく分かりやすい形で見えてくる土地なんですね。きっとそれは日本でもずっと見ていけば同じだと思うんですが、アラスカの場合は、僕にとってその多様性がとくに見えやすい土地だったんです。

僕が人の暮らしに魅かれる理由は、最初に行ったエスキモーの村からずっと繋がっているような感じがするんですけれども、例えば自分と同じ歳くらいのインディアンの若者と出会ったときに、僕とは全然違う環境で育ってきたことにすごく興味があるんですね。育った環境は全然違うんだけれども、一回の一生としては同じなわけです。いろんな民族のいろんな人間が世界で生きていて、皆違う環境で生きていながら、一つだけ共通点があって、それは誰もが一回の一生しか生きられないということです。本当にかけがえのない一生というか、それはどんな民族のどんな人間にとっても同じことなわけですよね。そういうふうに人の暮らしを見ていくと、いろんな問題がありながらも、誰もがいちばんいい形で一生を送りたいという思いを持っていて、その部分は一緒だと思うんです。

そういうふうに考えたときに、他の人がどんなふうに暮らしていて、どういう価値観を持って何を大切にしているかということ、つまり他人の生き方が気になる。他人の生き方が気になるという言い方は悪い意味に取られがちですが、僕はそれを知ることですごくホッとするんですね。例えば同世代のエスキモーと話したときに、僕は彼と同じ暮らしをすることはできないけれども、その暮らしを知ることですごくホッとするし、それを知ることで逆に自分たちの暮らしが見えてくるような気がします。

アラスカの人々にとって、太陽はとても重要なものです。

四、五日前、僕が住んでいるアラスカのフェアバンクスに急用の電話をしなくてはならなくて、ここから電話したら「マイナス六〇度だよ」と言われました。今アラスカはいちばん寒い時期です。一日の夜の時間がとても長くて、冬はフェアバンクスだと十時過ぎに少しだけ日が出ても、二時前には沈んでしまいます。太陽は真上には上ってこないので、朝日がそのまま横滑りして夕日になってしまう、そういう時期なんです。

でも面白いもので、十二月の末に冬至がありますよね。きっと北海道の方も同じだと思いますが、冬至が過ぎると気分的にすごく楽になるんですよね。なぜかというと、冬至を境にして日照時間が延びてくるからです。実際いちばん寒い時期は一月から二月にかけてなんですが、冬至を過ぎるとやっぱりなんとなく春を感じるというか、一日一日少しずつ日照時間が延びていくことがとても嬉しいんです。

逆に夏は白夜といって、太陽がほとんど沈まない日が続きます。そして六月の夏至を過ぎると、なんとなく寂しい気がします。それは日照時間が短くなっていくからで、その時期アラスカではまだ夏が始まっていないんです。これから夏が来るというのに、気持ちの上では冬の気配を感じているところがあるわけです。

北海道も北国ですから同じだと思うのですが、アラスカの場合はそれがすごく極端で、季節がとてもドラマチックに変わっていくので、なんとなくいつも太陽を気にしているような暮らしなんですね。夏至の頃には太陽がほとんど沈まずに頭の上をぐるぐる回っているし、逆に冬至の頃はほとんど太陽が出てこない。というわけで、いつも太陽が一日に描く弧を意識しながら暮らしているような感じがあります。

以前、夏至の日にちょっと面白いことがありました。フェアバンクスに日本でいうところの社会人野球のチームがあるのですが、このチームは全米でもかなり強い方なんですね。それでもうずいぶん前になりますが、ちょうど夏至の日に韓国からオリンピックチームが来て、親善試合をやることになったんです。

アラスカには一つの決まりがあって、夏至の日はどんなに暗くなっても球場のライトをつけないで試合をすることになっているんです。ちょっとお祭りのような感じなんですけれども。ところがその日に限って天気が悪くなって、暗雲がフェアバンクスを覆ってすごく暗くなってしまったんです。試合が始まったのは夜七時頃だったんですが、白夜の時期なので、普段の天候ならそのまま野球をできるんですけれども、その日は観戦していてもボールがよく見えないくらい暗くなってしまった。

それで、韓国のチームから照明をつけてほしいという要請がありました。でも、フェアバンクスのチームは今日は夏至だからと言い張って、そのまま照明をつけなかったんです。しばらくすると、いよいよピッチャーの投げるボールが見えなくなってきて、とうとう韓国のチームは怒って帰ってしまいました。それでもフェアバンクスの観客は、誰も文句を言わなかったんですね。

そのとき面白いなと思ったのは、やっぱり夏至の日はアラスカに暮らしている人々にとってとても大事な日で、それは一年でいちばん日照時間の長い日だからなんですね。

僕は毎年春になると、北極圏にカリブーの季節移動の撮影に行きます。

アラスカはほとんど道路のない世界で、北極圏に入って行くには小さな飛行機をチャーターしなければなりません。飛行士はブッシュパイロットと呼ばれていて、山の中に人を運んだり、物資をエスキモーの村から村へと運んだりします。アラスカでは皆から尊敬されている職業で、子どもたちにも将来ブッシュパイロットになりたいと言う子がたくさんいます。ただ、とくに北極圏を飛ぶときは飛行場があるわけではなく、その場その場で着陸地を探さなくてはならないので、かなり熟練のパイロットでないと危険です。そこはパイロットを信用するしかないので、いつも同じパイロットに頼むんですね。

そして一カ月ぐらいキャンプをしながらカリブーの群れがやってくるのを待つんです

が、五月の中頃でも北極圏はまだ冬のような寒さで、生物がまったくいないような感じです。それからだんだん雪が溶けてくるのと同時に渡り鳥がやってきて、春が始まります。

その時期にカリブーがカナダ北極圏から渡ってくるんですけれども、僕はカリブーの季節移動をこの十四年間ずっと、いちばん大きなテーマとして撮影しています。カリブーはアラスカ北極圏を何千キロと旅していくんですが、どうしてそんなに長い旅をするのかについてはさまざまな説があって、出産をするのに北極海沿岸が適しているという説や、いったん雪が溶け始めるとエサになる植物の生長が非常に早いからという説もあります。

この時期はオオカミやクマが生まれたばかりのカリブーの子どもを食べようとして狙っているので、子どもは産まれてからなるべく早く立ち上がって、母親について行かなくてはならないんですね。だいたい最初の三週間を生き延びれば、オオカミやクマにやられないで済みます。

四月頃になると、エスキモーのクジラ漁があります。

彼らは今でも昔ながらのウミアックというボートを漕いでクジラを追います。ウミアックはアゴヒゲアザラシという大きなアザラシ何頭分かの皮で作ったボートです。四月の終わり頃になると、潮流と風の関係で、冬の間ベーリング海から北極海にかけてびっしりと埋めつくされた氷に亀裂が入ります。するとあちこちに小さな海ができてくるんですね。それをリードと呼びます。クジラはその頃南から北に渡ってくるのですが、クジラは哺乳類なので、海面に出て呼吸をしなければならない。ということは、そのリードに沿って北上してくるわけです。ですから、エスキモーもやはりリードのわきにキャンプを張ってクジラを待ちます。

つまり、氷がなければ彼らはクジラ漁ができない。もし氷がない広い海だったら、自分たちでボートを漕いでクジラを追うことは不可能だからです。ところが、逆にリードが小さすぎてもやっぱり漁はできないんですね。なぜかというと、クジラを発見して銛を打っても、すぐ死ななかった場合にクジラが氷の下に逃げてしまうからなんです。

僕は三年間くらいポイントホープという村で彼らのクジラ漁に参加したのですが、最初の年に、やはりリードが小さすぎて銛が打てなくて、僕たちの目の前をクジラが潮を吹きながら通りすぎていったということもありました。

その年は風と潮流の動きがよくなくて、リードがなかなかできなかったんですね。それはポイントホープの村にとっても初めてのことでした。だんだん時間が経っていって、何週間経ってもいいリードができない。遠くの海ではクジラがどんどん通りすぎていくんですが、ウミアックではとてもそこまでは行けない。

それで皆がだんだんあせり始めて、三週間キャンプを続けた頃には諦め始めていました。それまでクジラが一頭も獲れなかったことは一度もなかったので、非常に重苦しい雰囲気になってしまったんです。村人の半数は諦めて村に帰ってしまったんですが、残りの半数は粘って、ずっとリードが開くのを待っていました。

すると、だんだんいい風が吹いてきて、リードが開いてきたんです。

リードが開く瞬間というのは本当に不思議な光景です。僕はキャンプでよく皆の食事を作っていたんですが、その仕事が一段落して、ちょっと時間があったときに氷の上を散歩に出かけることがありました。そうすると、必ず他の村人から「遠くへ行ってはいけない」と注意されたんですね。なぜかというと、氷が何の前触れもなく開いて、はがれていってしまうからなんです。僕は実感がないものですから、「こんなにガッシリした氷なのに」と思っていたんですけれども。

クジラ漁のキャンプでは、それぞれのキャンプで誰か一人、寝ずの番をしなければならないんです。氷がいつ割れるか分からないからなのですが、それはほとんどの場合、小さな子どもの役目なんですね。十歳にも満たないような子どもがずっと夜中じゅうアザラシの脂などで火をくべて見張りをして、大人たちはその間寝ているんです。

それである晩寝ていると、ヨーデルが聞こえてきたんですね。エスキモーのヨーデルはスイスのヨーデルとは違うもので、セイウチの鳴き声を真似たものなのですが、それが聞こえてきた。エスキモーのヨーデルは危険のある標《しるし》なんです。その危険の多くは、氷がはがれたということなので、僕も慌てて飛び起きました。外を見てみると僕らのテントから二〇メートルも離れていないところで氷の亀裂が起きていて、何の音もなく氷がはがれていってしまうんです。最初は川のような溝ができるんですが、あっという間に見渡すかぎりの氷原がどんどん開いていってしまう。そのとき初めて彼らはこのことを言っていたのだと実感しました。その風景は本当に怖かったのですが、非常に感動もしました。

話をもとに戻しますと、マクタックというクジラの表皮の部分がエスキモーにとってとても大切な食べ物なんですが、「マクタックを早く食べたいな。でも今年は食べられないかもしれない」というふうに、だんだん皆が諦めていくような状況だったんです。

でもある日、伝令が帰ってきて、僕らのキャンプから遠く離れたところでクジラを獲ったというニュースが入ったんです。それでどうするかというと、全員が海に出るんです。なぜかというと、クジラは誰が獲っても皆に分けられるんですけれども、大きなクジラを一艘のボートで引いてくることはできないので、みんなで力を合わせて引いてこなくてはならない。それで、早く着いた順に、クジラの分ける部位が決まるんです。だから皆一目散にウミアックを海に出して、漕いでいくんですけれども、それでキャンプには誰もいなくなってしまったんです。三週間も待って、もうクジラは獲れないかもしれないと諦めかけていたので、皆とても興奮していて、興奮というよりは涙が出そうなくらい嬉しいんですね。

それで僕も急いでキャンプにカメラを取りに行ったんですが、カメラを取って戻ってくると、同じキャンプで一緒に過ごしていたおばあさんがそこにいたんです。そのおばあさんは、クジラが獲れないということを本当に残念がっていたんですが、クジラが獲れたというニュースを聞いて、海岸の氷の上で一人踊りを踊っていました。

最初は何をしているのか分からなかったんですが、それはきっとクジラが獲れたときにクジラに対して感謝するための昔から伝わる踊りだったと思います。それをたった一人で、誰もいないところで声を出して踊っていて、それを見たときはやっぱり感動しました。クジラ漁というものが彼らにとってどういうものなのかということが、そのときすごく伝わってきて、今でもクジラ漁のことを考えるとそのシーンを思い出します。

そうして獲ったクジラを今度は解体するわけですが、その解体のときにいいなと思ったのは、どうやってクジラを解体するのかについて、若い連中はちゃんと年寄りの指示を仰がなければいけないんですね。年寄りは力がないですから、クジラの周りで指示を出して、若い連中はクジラの上で、その指示に従って解体していくんです。そういうふうに年寄りが力を持っている社会というのは、すごく健康的な社会だと思いました。

エスキモーの人々の暮らしは、今すごく変わりつつあって、近代化の波が急速に押し寄せて来ています。彼らは自分たちの文化がなくなりつつある一方で、やっぱり西洋文明にはなかなかなじめない。その中で、アル中の問題や若者の自殺の問題など、いろんな問題があるわけなんですが、クジラ漁で若いエスキモーがとても自信に満ちたいい顔をしているのを見て、クジラ漁は彼らにとって最後のアイデンティティというか、最後の砦のような感じがしました。

また春には、ブラックベアが冬ごもりの穴から出てきます。

ブラックベアは日本の本州にいるクロクマと同じ種類ですが、アラスカにいるのはもうちょっと大きいんです。

あるとき、北極圏のアンブラーというエスキモーの村の近くで、巣穴の場所を知っていた僕の友人のエスキモーの息子が案内してくれたことがありました。もうすぐ穴から出てくるというので見に行くことにしたんです。

ところが、その穴の近くで三日くらい待っていても出てくる気配がなくて、その日はとても暖かい日だったものですから、二人とも雪の上で寝てしまったんですね。

それから一時間ほど経って、目が覚めたら、雪の上からクマの黒い耳だけが出ていたんです。びっくりして慌てて彼を起こしたんですが、クマが冬ごもりから出てくるシーンに居合わせられるなんて考えたこともなかったので、とても感動しました。そのクマはまず最初に顔を上げて、あたりをグルッと見回してからゆっくり出てきたんですが、本当に春が来たんだということを実感する光景でした。

クマといえば、アラスカの南の方に撮影に行ったときに出合ったグリズリーの親子も忘れられません。

クマと遭遇したときにいちばん危ないのが親子のクマなんです。アラスカは北海道に比べると見晴しがよいので、ばったりクマに遭遇するということはあまりないのですが、たまに親子がとても離れているときがあって、知らないうちに親と子の間に挟まれてしまうと非常に危険なんです。

そのときは友人の研究者と一緒に行ったのですが、彼はその地域のクマを長年研究していたものですから、ある程度個体識別ができるんです。だからその出合った母グマも子どもの頃から知っていたんですね。

僕らは、川沿いの土手の上からクマの親子がサケを獲っているのを見ていたんですけれども、サケを獲り終えたクマがこちらに向かって来たんですね。大丈夫かなと心配していたら、どんどん近くに来てしまって、「どうする?」と友人に訊いたら、「もう動くには遅いからこのまま動かないでいよう」と彼が言うので、ずっとそこに座っていたんですね。

すると、すぐ近くまで来たクマが僕らの横にポツンと腰掛けてしまったんです。

子グマの方は最初すごく緊張していましたが、母グマがリラックスしていたのでだんだん落ち着いてきた。僕ももちろんかなり緊張していたものですから、どうしていいのか分からなくて固まっていたんですが、友人に大丈夫だから絶対動くなと言われていたので横を向くこともできず、二人で前を向いて川を見ているままの姿勢でした。ですから、もしそのとき対岸から写真を撮っていたら、ちょうど人間とクマが隣り合わせで川を眺めているような感じだったと思います。

実際の時間にしたら、ほんの五分にも満たない出来事でしたが、そのときの体験は今でもすごく不思議で、どうしてあんなに広い原野の中で僕らがあそこに座らなければならなかったのか、いまだによく分からないんですけれども。

さて、いよいよ夏になると、たくさんのザトウクジラがハワイからやってきます。どうしてザトウクジラがハワイから旅をしてくるかというと、ハワイの海はとても美しいことで有名ですが、ザトウクジラにとっては貧困な海なんですね。つまり餌が少ないんです。一方、アラスカの海は海面を見ると濁っていて何も見えないのですが、それは汚いということではなくて、豊かな海ということなんです。たくさんのプランクトンや小魚がいることの証拠なんですね。

だからザトウクジラは夏にアラスカにやってくると、その半年の間、ひたすら食べて過ごします。そして冬はハワイの海で出産と子育てをする。皆さんもテレビでご覧になったことがあると思いますが、ザトウクジラは非常に面白い採食行動をします。

魚の群れを見つけると、三頭から五頭ぐらいで寄っていって、その群れの下を泡を出しながらぐるぐる回るんです。すると泡の壁が海中にできて、魚はその中に捕えられてしまうんです。魚はその泡が怖くて、どんどん海面に向かって逃げていき、そこをザトウクジラが大きな口を開けてロケットのように飛び出してくるんですね。

とても面白いのは、その飛び出してくる直前の一分間ぐらいの間にクジラの歌が聴こえてくるんです。僕も水中マイクで聴いたことがありますけれども、ものすごく不思議な音なんですね。そのとき何人かでボートに乗っていたんですが、あまりに不思議な音なのでヘッドフォンの取り合いになってしまった。それでヘッドフォンをはずしてじっと耳をすましていたら、海面から歌が聴こえてきたんです。

そしてしばらくすると、海面上に直径一〇メートルから一五メートルくらいの大きな泡の輪ができて、そこからクジラが群れになって、口を開けて飛び出してきたんです。

クジラは音に対してとても敏感なので、普通、ボートのエンジンを切って静かにクジラが海面に上がってくるのを待つんですが、一度僕らのボートの周りにぐるっと輪ができたことがあって、その瞬間僕らはみんな顔を見合わせました。そして慌ててボートから海面を見下ろすと、クジラが上がってくるのが見えたんです。

どうなることかと思ったら、クジラが飛び出す直前に輪から離れるようにコースを変えて飛び出してきたんですね。それまでずっと潜っていたわけですから、息を大きく吐いていました。

結局僕らはクジラの邪魔をしてしまったのですが、僕はそのことにすごく感動したんです。長い間魚を追いつめて、泡を出して、歌を歌って、最後に体勢を整えて、いよいよ浮上しようというときに、突然頭上にボートがあって、その瞬間になぜコースを変えたのかということがすごく不思議だったんです。

そのときちょうどゴムボートにそのクジラの背中が当たって、ちょっとボートが海面から離れたんですが、その感触が忘れられません。本当に大きな動物ですから、ちょっと乱暴に引っぱたけば小さいゴムボートなんてひとたまりもないわけですが、実際にはそうしなかった。どうしてそういう行動をしたのかは分かりませんが、クジラはそういうふうにどこかとても魅かれる動物ですね。


秋になると、アラスカにはいろんな木の実がなります。

ソープベリー、ブルーベリー、クランベリー……アラスカには果物がないので、アラスカに住む人々は木の実をとても大切にしていて、この時期に家族で一年分の実を集めます。そしてそれをジャムにしたり、冷凍して保存したりします。スーパーマーケットに行くと、空のジャムの瓶がずらっと並ぶんですね。それを見ると秋が来たなという感じがします。

また秋にはエスキモーポテトと呼ばれる小さな木の根をエスキモーの人々が集めます。煮たりして食べるんですが、ポテトといっても本当のポテトではなくて、実は小さな木の根なんです。

以前、コバック川の流域でエスキモーのおばあさんとエスキモーポテトを探しに行ったことがあったんですが、おばあさんは地面を足で確かめながらネズミの穴を探していました。なぜかというと、この時期ネズミが冬の食料としてエスキモーポテトをたくさんねぐらに蓄えているからなんですね。そしておばあさんは、ネズミの穴からエスキモーポテトを半分だけ取って、そのかわりに魚の干物をお返しに置いて穴を埋めていたんです。

自分がネズミの食べ物を食べるから、ネズミに自分の食べ物を返すということなんですが、この世代の人たちはまだ本当にそういう感覚を持っているんですね。若い人たちにはそういう感覚が薄れてきているようですけれども。

もう一つ、アラスカの人々にとって大切な食べ物がムースです。秋になると狩猟シーズンが二カ月あって、それはちゃんと許可を取らなくてはなりません。ムースはアラスカでは広範囲に生息していて、六、七〇〇キロもある大きな動物です。僕が住んでいるフェアバンクスでは、「今日の夕食は肉だよ」というと、ほとんどの場合ムースの肉を指します。ムースの肉はとてもおいしくて、アラスカの人はビーフとムースを出されたら、絶対ムースを食べると思いますね。野性味があって、僕はとても好きです。

ムースは食べるのも好きなのですが、見ているのも好きで、どこか見ていてホッとする動物なんですね。でも実はとても強い動物で、この時期にクマがムースの子どもを狙うんですが、なかなか獲れなくて、逆にクマがムースの母親に襲われているシーンを何度か見たことがあります。ムースは二頭子どもを生むんですが、それでも一頭はクマかオオカミにやられてしまいます。秋までに二頭生き残るというのは本当にめずらしいことなんです。

このようにアラスカの季節には春夏秋冬がちゃんとあって、もし初めてアラスカに来るなら秋がいいと思います。

北国の紅葉は北海道も同じでとても素晴らしいんですけれども、アラスカの紅葉もやっぱりとてもきれいで、八月二十五日くらいから紅葉が始まって、九月の中旬までがピークですけれども、その時期はオーロラも見られて、最初に来るにはベストの時期だと思います。オーロラは冬だけに見られるわけではなくて、実は一年中出ているんですね。夏は空が暗くならないから見えないんですが、八月になると夜がだんだん暗くなって、見えるようになってきます。

さて、ちょっと駆け足でアラスカの四季と自然について説明しましたが、最後に北極圏の環境保護問題についてお話ししたいと思います。

北極圏は一見何もないような土地ですが、実はちゃんといろんな場所に生命があって、例えば季節移動で渡ってくるカリブーや渡り鳥の大切な集散地でもあるわけなんですけれども、残念ながらこの地域に埋蔵されている原油をめぐって、もう二十年ほど論争が続いています。

つまり油田開発を取るか、環境保護を取るかということで、現在のアラスカ州知事が開発にかなり積極的なので、それはとても残念なことだと思っています。ただそれに対する反対の動きも非常に強いので、まだどちらになるか分からないですけれども。

いつも北極圏の自然を考えるときに、僕はアフリカのケニアのことを考えます。

僕はアフリカに行ったことはないんですが、例えばケニアの自然を撮っている写真を見ると、たくさん動物がいて、その一方で観光客もたくさんいますね。一頭のライオンの周りにたくさん観光客の車が停まっていて、そういうシーンは見ていてなんとなく悲しい気がするんですが、でもその動物たちは生き残るだろうなとも思うんです。やっぱり国立公園に観光客がたくさん入って、観光というものが経済として成り立つことで、そこにいる動物たちはどんなに野生から離れている状態であっても生き残るんじゃないか。

ではアラスカ北極圏はどうかというと、例えばカリブーの季節移動は地球上で残された最後の大きな野生動物の群れなんですね。でもそれを守れるかと考えたとき、あまりにも野生なのでむずかしい部分もあります。その最後に残された手つかずの自然に僕はとても魅かれているわけですが、それは逆に弱さを持っていて、あまりにも野生で人間が近づけないために、お金にならないんです。つまり、観光客が入れない場所であるために、そこに油田が見つかれば、その開発に反対する人が少ないということになってしまう。

でも、僕がアラスカの自然についていつも思うのは、別にたくさんの人が行く必要はなくて、例えばカリブーの季節移動もアラスカに住んでいる人ですらほとんど見たことがないんです。九九パーセントの人は一度も見ないで一生を終えていく。それだけアラスカは広くて、それはそれでいいんじゃないかと思うんです。そこに行く必要もないし、見る必要もない。でも、そこにあるということがきっと大切なんですね。そういう世界が残されているということが、すごく大切な気がします。

なぜかというと、もしそこに何もなくなってしまったら、僕たちはいろんなことを想像することができなくなってしまうからです。

例えば、今アラスカでオオカミの問題が非常に大きくなっています。それで、オオカミがいようといまいと僕らの暮らし自体は変わらないと思いますが、でも地球上に一頭もいなくなってしまったら、もうオオカミのことを想像できなくなってしまうと思うんですね。オオカミがどこかにいるということは、やっぱり僕らにいろんな想像を与えてくれるというか、そこが大きな違いなのかもしれないと思います。

そういう意味では、人間にとって大切な自然が二つあるような気がします。

一つは、皆にとっての身近な自然です。例えば家の近くの森や川、鳥だとか、そういう日常に近い自然の大切さがありますよね。それは日々の暮らしの中で変わっていく自然ですが、もう一つ、遠い自然も人間にとって大切なのではないかと思うんです。

そこには一生行けないかもしれないけれども、どこか遠くにそういう自然が残っていればいつか行くことができるかもしれない。あるいは、一生行けないかもしれないけれども、いつも気持ちの中にある、そういう遠い自然の大切さがある。

それはアラスカだけに限らず、アフリカであれ南米であれ、また日本であれ、たとえ自分がそこに行かなくても、日常の暮らしに関わりがなくても、ただそこにあることで人の気持ちが豊かになる自然があるのだと思います。

第四章

本当の野生

1993年4月23日、立教大学学生部セミナー「環境と生命V」にて行われた講演。講演タイトルは「Alaska—風のような物語」。

今日は「環境と生命」というテーマで話を、ということですけれども、ちょっと堅苦しいテーマなので、もう少し気楽に、今まで僕がアラスカで過ごしてきた中で起こったさまざまな体験について話していきたいと思います。

もしかしたらこの中でも何人か行かれた方があるかもしれませんが、きっとそうでない方はアラスカといってもいったいどんなところなのかよく分からないのではないかと思います。実際はアラスカは日本からとても近くて、直行便があった時代は六時間ぐらいでアンカレッジまで行けたんですね。ですから距離的にはハワイと同じくらいの距離なんですけれども、気持ちの上ではとても遠い世界のように思っているだろうと思います。

それは同じアメリカに住むアメリカ人にとっても同じことです。とくに地球儀で見るとアラスカはアメリカ本土からものすごく離れています。間にカナダが入るため、非常に離れているんですね。

以前、ニューヨークに行ったことがあります。アラスカの友人でニューヨーク出身の人がいて、クリスマスに彼がニューヨークに帰ったときに遊びに行ったんです。彼はマンハッタンのアパートに住んでいたんですが、マンハッタンのアパートはだいたいどこもドアボーイがいて、入るときまず最初に紹介されるわけですけれども、そのドアボーイの人たちが僕のことを特別視して、きっかけがあったら何か聞こう、聞こうという感じなんです。

なぜだろうと思っていたんですが、アラスカは同じアメリカなのに、ニューヨークから見ると本当に遠いところで、日本人が感じているアラスカに対する遠さより、もっと遠い感覚で見ている人がたくさんいる。だから、僕がアパートに帰るたびに彼らは何かきっかけをつかまえて、いったいどんなところなのか、いったいどういう暮らしをしているのか聞きたかったんだと思います。

同じ国なのにこれほどまで知らないのかと思うほど、彼らはアラスカのことを知らなくて、やはりすごく遠い世界だと思っているんですね。イヌイットの人たちは今でもイグルーに住んでいるのかとか、雪と氷の世界なんだろうとか、本当に日本人がアラスカに対して抱いているイメージとほとんど変わらないイメージを持っているんです。


でも実際はアラスカには四季があります。僕が今回日本に帰ってきたのは一週間ほど前ですけれども、今のアラスカはちょうど冬が終わって春めいてくる頃なんですね。僕が帰ってくる前の日はオーロラが出ていましたが、これからだんだんオーロラが見えなくなってくる季節です。なぜかというと、今、アラスカでは日照時間がどんどん延びているんですね。毎日、日照時間が七分くらい延びています。日照時間が一日に七分延びるというのはすごいことで、十日間で一時間以上日照時間が延びてしまうんです。そして夏至のころにもなると、もう太陽はほとんど沈まなくなります。

アラスカの冬は、皆さんが想像する通りとても寒くて長いんですね。とくに僕がいるフェアバンクスは、いちばん寒いときだとマイナス六〇度ぐらいまで下がります。ただ、北海道など北の国ではどこもそうだと思うんですけれども、その長く寒い冬があるからこそ、春の訪れが嬉しくてたまらないんですね。

アラスカに住んでいると、僕もそうだし、きっと他の人も皆そうだと思いますが、太陽のことをいつも気にしながら暮らしています。例えば東京で暮らしていると、太陽のことなどあまり考えないし、太陽を見ることもそんなにないと思います。太陽がどんなふうに動いて一日が終わるとか、太陽が描く弧とか、そういうことをほとんど意識しないで暮らしていると思うんですけれども、アラスカにいると緯度が高いということもあって、太陽の動き、もっと具体的にいうと、太陽が一日で描く弧がとても気になるんですね。

冬になるとどんどん日照時間が短くなって、朝日が出るといっても十一時近くになって地平線から本当にちょっと顔を出して、そのまま小さな弧を描いて夕日になってしまう。そしてだんだん春が近づくにつれて、また弧がどんどん大きくなっていく。そういう太陽の動きがものすごく気になります。

一つ面白いエピソードがあります。アラスカでは、夏になると野球が盛んなんですね。

子どもたちもそうだし、大人もそうです。日本でいう社会人野球みたいなリーグがあって、ある程度大きい町では必ず野球チームがあって、夏の間にたくさん試合をします。もうずいぶん前になりますが、アラスカのフェアバンクスにあるゴールドパナーズというう野球チームは全米でもとても強いので、韓国のオリンピックチームが練習試合をしに来たことがありました。

それで、その試合の日が夏至の日だったんです。もちろん野球は七時ぐらいから始まるんですが、アラスカでは夏至の日はどんなに暗くなっても球場のライトをつけないで野球の試合をやるというのが決まりなんです。

その頃になると、夜になってもほとんど明るいですから、球場のライトなどいらないわけなんですけれど、ちょうどその日に限って、ものすごく天気が悪くなって、フェアバンクスの上空をものすごい黒い雲が覆って非常に暗くなってしまったんです。僕は観客として観ていたんですが、ピッチャーの投げるボールがよく見えないんですね。

それで韓国の野球チームから球場のライトをつけろというクレームが出たんです。でも、アラスカのチームは今日は夏至だから、どんなに暗くなってもライトをつけないで野球をやるんだということでそのまま続行したんです。観ていてもピッチャーの投げるボールがよく見えない。それでまた韓国のチームから抗議が入って、危ないから球場のライトをつけろという要請が出る。それでもアラスカのチームは、そのまま試合を続行して、とうとう韓国の野球チームは怒って試合を放棄して帰ってしまったんです。

そのとき観客からは何の文句もなかったんですけれども、面白いなと思ったのは、アラスカで暮らす人たちにとってそれだけ夏至の日が非常に大きな意味を持っているということです。それは太陽が一年のうちでいちばん長く出る日だからなんですね。ずっと長い冬を過ごして、太陽の暖かさとか、そういったものが嬉しくてしょうがない。そういうお祭り気分がやはりあるんです。

ところが夏至にはもう一つ逆の面もあります。夏至は六月の末で、まだ本格的に夏が始まってないわけですけれど、夏至が終わると、翌日から冬至に向けて日照時間が短くなっていきます。そうすると気持ちの上で、まだ夏も来ていないのに冬の気配を感じるんですね。意識の上で冬が少しずつまた近づいてくるという意識を皆が持つんです。

だから逆に十二月の冬至を過ぎると、一番寒い季節は一、二月で、本当の冬はこれから来るのに、気持ちがとても楽になります。その日を境に日照時間が少しずつ延びてくるから、まだ冬も来てないのに春の気配を意識の上で感じていくんですね。都会で暮らしていると、そういうことをまったく感じないですけれども、アラスカで暮らしていると、本当に太陽というものが人間の暮らしの中に密接に関わっているということを感じます。

僕はアラスカに移って今年で十四年になりますけれども、どうしてアラスカに行ったかということを少し話したいと思います。

高校時代、僕は山が好きで日本の山をいろいろ登っていました。当時、北海道に対する憧れが非常に強くなったことがあって、そのときは北海道も僕にとってはすごく遠いところだったんですね。いつか北海道に行ってみたいと思ったり、いろいろ北海道の昔の文献を読みあさっていた時期があったんです。

今考えると、それは僕が自然というものをすごく意識したときだったんですね。僕は野生動物がすごく好きだったものですから、北海道のことをずっと考えているときに、北海道にはヒグマが今も生きているということがすごく気になって仕方がないことがあったんです。

どういうことかというと、毎日東京で暮らしていて、学校へ電車で揺られていく。そういう都会の暮らしの中で考えたとき、今僕が生きているこの瞬間にも、北海道ではヒグマがどこかで生きているということがすごく不思議に思えたんです。考えてみれば、北海道には山があって、自然があるわけだから、そこにいろいろな動物が生きているというのは当たり前のことですが、でもクマの大きさとか、そうしたことも全部一緒になって、すごく不思議だったんです。

そして大学に入ると、だんだん北の自然に対する憧れが北海道を超えて、もっともっと北の自然を見てみたい、もっと北へ行ってみたいと思うようになりました。おそらくそのときいろいろな本を読んでいた影響があると思うんですけれども、どういうわけかアラスカがとても気になり出して、いつかアラスカへ行ってみたいと思ったんです。ただその当時は、もう今から二十年以上前の話なので、どこへ行ってもアラスカに関する文献などまだ全然なかったんですね。ところがあるとき、神田の洋書の古本屋さんでアラスカの写真集を見つけたんです。全部英語の本なので、なかなか読めなかったんですけれども、写真がたくさんあったので、毎日毎日その写真集を見ていました。

僕はその当時カメラマンになることなど考えもしなかったんですが、ただ写真を見るのはとても好きでした。すごくいい写真集で、中に一枚非常に気になる写真があって、それはイヌイットの村を空撮で撮った写真でした。ちょうど北極海に夕日が落ちるところを飛行機の上から逆光で写した写真で、その北極海に小さな島が浮かんでいた。ものすごくインパクトの強い写真でした。その写真を見るのがいつも楽しみで、最初はその写真にすごく魅かれたんです。

それからどうしてこんなところに人が暮らしているのかという思いが強くなったんです。何もない、本当に殺伐としたところにポツンと人の集落がある。空撮で撮っているので、家の形がポツポツ見えるだけなんですね。だんだんその写真を見ているうちに、この村に行ってみたいという思いが強くなって、たまたまその写真のキャプションに村の名前が書いてあったのでこの村に手紙を出してみようと思ったんです。もちろん住所も何も分からないので、村の名前とアラスカ、U.S.A.とだけ書いて、内容は「その村に行って暮らしてみたい」ということを書いて送ったんです。十九歳のときでした。きっと返事は来ないだろうと思ったので、アラスカの地図を見て、北極海沿岸のなるべく小さなイヌイットの村を六つ選んで、まったく同じ手紙を書いて、村の名前だけを変えて出したんです。きっとどこかから返事が来るだろうと思って書いたんですけど、でも、ほとんどの手紙が宛先不明で返ってきました。

どこからも返事が来なかったので、僕も諦めて忘れかけていたんですが、半年くらい経って、学校から帰ったらポストに航空便が入っていて、僕が最初に行きたかった村のある家族から返事が来ていたんです。

本当に簡単な短い返事で、いつでも来ていいと書かれていました。トナカイの放牧をしている家族だったんですけれども、夏、こちらでもいろいろな仕事があるから手伝ってくれてもいい、と。その手紙を受け取ったことがやはり僕が最初にアラスカに行くきっかけとなったんですね。それまでは本当に漠然とした憧れだったのが、初めて現実のものとしてアラスカが僕の目の前に現れたときだったんです。

それで十九歳の夏休みに行って、三カ月近くその村で過ごしました。本当にいろいろなことがあって、その旅は僕にとってすごく大きな旅でした。東京に帰ってきて学生生活に戻って、また僕がアラスカにいつか帰るかどうかということは分からなかったんですが、その三カ月の旅の思いは強烈に残っていて、無意識のうちにそれが蓄積されていったと思うんです。

それで、少し個人的なことになりますけれど、大学二年のとき、僕の親友が山で遭難しました。中学の頃からの親友で、いろいろなことを一緒にやっていこうと思っていた友人だったものですから、どうやってそのことを受けとめていいのか分からなくて、一年ぐらい悶々としていました。いろいろなことを考えて、何かその事故から結論を出して先へ進もうと思うんですけれども、なかなか進めないでいたんです。

そして、一年ぐらいして答えが見つかりました。なんでもないことなんですが、僕の好きなことをやっていこうという思いが非常に強くなったんですね。それまでは普通に大学生活をエンジョイしていた学生だったんですが、そのとき、これからいったい何をやっていけばいいかということを初めて真剣に考えたんです。

当時、大学二年生か三年生だったと思うんですけれども、なぜかキャンパスの生活がものすごく遠くなってしまいました。キャンパスに戻れないというか、全然違う方向へ僕が行こうとしているという感覚が無意識のうちにあって、つまり僕は、アラスカの自然ともう一回ちゃんと関わっていきたい、もう一度アラスカに戻らなくてはいけないという気持ちがとても強くなっていたんです。

それで、今は写真を撮っていますけど、その当時はカメラもちゃんといじったことがなくて、写真を見るのは好きだったんですが、自分で写真を撮ることはそれまでほとんどしていなかったんですね。ただ、もう一度アラスカに戻りたいという気持ちが強くて、そういう形で僕は写真を選びました。

それで二年間、ある動物写真家の助手を経験した後、四、五年ぶりにアラスカに戻ったんです。最初は五年間アラスカにいて、その五年間でやった仕事をまとめて一冊の写真集を作ったらまた別の場所に移ろうと考えていたんです。でも、いざアラスカを撮り始めると、五年という時間はなんて短いんだろうと思いましたね。

どうして自分がアラスカに魅かれていったのかと思うと、アラスカの自然が持っているスケールの大きさはもちろんあるんですが、やっぱりそこで生活している人と出会えたということが大きかったと思います。人の暮らしがあるというのはとても興味深いことで、人の暮らしの多様性というか、それが原野で生活している白人であれ、エスキモーであれインディアンであれ、それぞれにやっぱり問題をもっていて、そういう人の暮らしがアラスカに魅かれていった大きなきっかけだったんですね。

以前、なぜ人はアラスカに来るのかという内容の記事を雑誌に書かなくてはならなくて、そのとき僕は、アメリカの東海岸にあるマサチューセッツという街からアラスカに来た僕の友人の家族の話を書こうと思いました。

彼らは、僕がアラスカに来たのと同じ一九七八年にアラスカに移住してきたんですが、僕はその家族の息子と偶然出会って親しくなったんですね。彼はアラスカ大学の学生で、僕もその年から同じ大学で勉強することになっていたんです。

知り合って二年ほど経ってから、その友人がアラスカに移住してきた理由を教えてくれたんです。その家族には全部で五人の子どもがいるんですが、実はもう一人、娘さんがいて、その娘さんが彼女の友人に殺されてしまったんですね。それは悲劇的な事件で、その二カ月後にパットというお母さんが子どもたちを車に乗せて、マサチューセッツからアラスカまでドライヴしたんです。マサチューセッツからアラスカまではものすごい距離なんですね。なぜそのお母さんが子どもたちを乗せてアラスカに行こうと思ったかというと、彼女はひと冬をアラスカで過ごして、それでまたマサチューセッツに戻るつもりだったんですね。

その話を聞いたときに、なぜアラスカに人は来るのかというテーマで、パットのことを書いてみようと思ったんです。僕は撮影から帰ってくると、よくその家族に呼ばれて夕食をご馳走になったりしていたのですが、パットはそういうときに僕の旅の話をとても熱心に聞いていたんです。そしてやがて自分の足でアラスカの自然の中に入っていった。子どもたちの助けを借りながら、誰も行かないような原野に行って、キャンプをしながらカリブーの季節移動を見に行ったりするようになったんです。

それで、いざその記事を書くときに彼女から許可をもらったんですが、僕はその記事を書くにあたって、一切彼女のインタビューはしなかったんですね。その記事には殺された娘さんの話も書いてあったので、後で日本語の記事を訳してあげたとき、そのことを僕が知っていることにパットは驚いていました。

今考えると、僕は、僕自身とオーバーラップしてその家族を見ていたような気がします。

どうして彼女がアラスカに来たのかということを、そのときはうまく書けなかったんですけれども、なぜ彼女がアラスカに魅かれていったかというのは、言葉を変えて言うと、どうして人間は自然に魅かれていくのか、どうして人間にとって自然が必要なのかということだと思うんです。最初にその家族と出会ったとき、何かすごく重いものを抱えている家族だなという印象があったんですけれども、やがてお母さんだけでなく子どもたちもアラスカの自然の中に入っていって、その中で家族全体に最初に感じた重さがだんだん消えていったんですね。

僕たちは普段の暮らし、例えば皆さんなら大学生活、学校生活があって、会社員なら毎日会社の生活があって、そういう日々の暮らしにいつも追われています。ところが、そういう日々の暮らしとはまったく別の次元に自然というものがある。個人の一生とか、そういうものを本当に超えた悠久の自然というものが、僕らが日々暮らしているのと同時進行で流れているわけです。

僕らはそういうことに普段はなかなか気がつかないんですね。日々の暮らしの中で、例えば学校へ来る途中に花が咲いていたり、鳥が飛んだり、そういうことにハッとするときがありますね。それはやはりすごく大切な自然だと思うんですが、もう一つ、それとはもう少し別の次元で非常に悠久な自然、ものすごく大きな自然の流れというものがあって、そういうものに出会ったり、意識したりするとき、僕自身の中にすごく大きな力を得ることができる。そういう人間の気持ちがあるような気がします。

僕はアラスカの自然を見ながら、本当に悠久な自然を見る、あるいは意識するということは生きていく上で非常に大きな力になるような気がします。例えばパットは、彼女の娘を失った悲しみやその傷は一生癒えないだろうと思うけど、自然と出会うことでものすごく大きな力をもらう。そういう人間の気持ちがきっとあるような気がするんです。僕自身、アラスカに行こうと思ったとき、ものすごく大きな自然、圧倒される自然を見てみたいという思いがあったんですね。

それで僕は、人間にとって大切な自然というのは二つあるような気がします。

一つは、僕らが本当に日々の暮らしの中で出会う近くの森であったり、例えばキャンパスの木であったり、そういう毎日の暮らしの中で見る身近な自然の大切さというものがあると思うんです。

もう一つの大切な自然というのは遠い自然で、僕の日々の暮らしの中では関わらないけれども、どこかにある自然ですね。それは例えば北海道であってもいいし、アラスカであってもいいし、もっと違う国でもいい。そういう自然の大切さというものがあって、それはもしかしたら必ずしも行く必要はなくて、ただそこにあるというだけで、すごく豊かになれる悠久の自然があるような気がするんです。

アラスカの自然はそういう部分を非常に多く含んでいて、例えばアラスカにはオオカミがまだいっぱい生きています。

アメリカの本土では絶滅してしまったオオカミが、アラスカでは何千年前と同じような形で生きています。そういうことにどんな大切さがあるのかというと、例えば僕らが東京で暮らしていれば、アラスカにオオカミがいようと、僕の一生の中で見るわけではないだろうし、アラスカに住んでいたってオオカミを見る人などなかなかいないわけです。

でも、まだオオカミが生きている世界がある。それを意識できるということは人間にとってすごく大切なのではないか。

例えば今、このキャンパスの木が全部伐られたらすごく悲しいですよね。でも僕の暮らしとは関係ないところで自然がなくなっていったとしても、それは僕の日々の暮らしとは関係ないことです。あるいは、アラスカのオオカミが絶滅しようと僕の日々の暮しとは関係ない。しかし、そこから非常に欠落していくものがあって、それは計り知れないものだと思うんです。気持ちの上での豊かさとか、そういう遠い自然の大切さというものがあるような気がします。

だから、自然を見つめていくということは、野鳥を見るにしろ、山に行って自然を見るにしろ、花であってもいいですけれども、例えば鳥が好きだというとき、その鳥が生きている面白さというのは、結局突き詰めて考えると僕が生きているということの面白さと等価なんですね。自然に対する興味というのは、本当に最終的に突き詰めていくと、僕は僕の生命に対しての興味だと思うんです。

僕がとても好きな言葉に、「多様性」という言葉があります。遠い自然がどうして僕たちにとって必要かというと、僕たちが生きていく上では二つの多様性が非常に大切な気がするからなんですね。

その一つは「生物の多様性」だと思います。人間だけが生きているわけでなくて、いろいろな生物が生きている、そういう多様性。例えばオオカミがいるということで、もう少し違った角度で僕自身をもう一度見られる。オオカミが一匹もいなくなった世界と、実際に見ることはできないけれどもどこかに確実にオオカミがいる世界というのは、全然違うことなんです。それは想像できるかできないかという違いで、どこかにオオカミがいるという意識を持てるということは、やはり僕たちにいろいろなことを想像する機会を与えてくれます。そういう豊かさを与えてくれる。だから、オオカミに限らずいろいろな生き物が生きていることは、逆に人間自身をもっとよく見られるということだと思います。

そしてもう一つの大切な多様性は「人の暮らしの多様性」だと思うんですね。さまざまな人間がさまざまな価値観で生きている。あるいはさまざまな土地で生きている。そういうことの大切さをアラスカにいると強く感じます。白人の中にも原野で暮らしている人間がいたり、皆いろいろな価値観の下で生きている。イヌイットの人たち、インディアンの人たち、それぞれが皆違う価値観で生きているのを見ると、とてもホッとするんです。なぜかというと、やはり僕と違う価値観で生きている人間を見ることで、僕自身のことが分かる。アラスカにいるとそういう多様性の大切さを感じるんです。

今はすごく自由に楽に世界を旅できるようになって、ヨーロッパにもすぐ行けるし、アメリカへだって本当に簡単に行けて、世界がすごく狭くなってきたなという印象を持ちますね。

ただ、僕はアラスカで暮らしていて、世界はやはりすごく広いなと思うんです。やはり世界の広さは、そこに生きている人の暮らしを通してしか分からないのではないか。その一人ひとりと出会って、話をして、いろいろな人間の生き方を知り、価値観を知る。

その上でしか世界の広さは分からないと思うんですね。

僕は、毎年春になるとカリブーの季節移動を撮るためにアラスカ北極圏に入ります。まったく人がいない世界なので、小さなセスナをチャーターして雪の上に着陸して入るんですね。そしてだいたい三週間から一カ月くらいキャンプをしながら撮影します。アラスカにはブッシュパイロットと呼ばれるセスナで人や物資を運ぶ飛行士がたくさんいるんですが、滑走路があるわけではないので、非常に技術の要る仕事です。そのときの雪の状況などによって川沿いに降りたりする、とても大変な仕事なんですけれども、彼らは皆、強い誇りを持って飛んでいます。ブッシュパイロットは、氷の上やツンドラの上にランディングすることもあります。だいたい僕が入る季節は五月の末から六月の初めですけれども、その季節はランディングするのが非常にむずかしい季節なんです。雪がちょうど溶け始めているからなんですが、そうするとスキーを付けた飛行機でも雪が軟らかすぎてランディングできない。ようやく土が見え始めても、土が軟らかすぎて車輪ではランディングできない。つまり、スキーを付けても車輪を付けてもランディングできない季節が必ず二週間続くので、その間は何があっても迎えに来てくれないんですね。その間、キャンプをしていて人に会うということは絶対になくて、ときどき遠くをオオカミがずっと横切っていったり、クマの親子がずっと横切っていったりすると、本当に何千年前、一万年前と何も変わらない世界なんだなと思います。

そして雪がどんどん溶けていくその時期に、春が始まります。それまではまったく生命がいない世界のような印象を受けるんですが、この時期は一週間、二週間と経つうちに、雪が溶けて川が流れ始め、渡り鳥が渡ってきて、まったく違う世界に変わっていきます。雪が溶け始めると同時に、植物が花を咲かせ始めて、その春から夏への移り変わりは本当にドラマチックで、とても好きな季節です。この季節は本当に地表の土が出るのがこんなに嬉しいものかと思うほどで、もうそれほど寒くありません。

そして、カリブーがカナダ北極圏からアラスカ北極圏へ長い旅をしながら渡ってきます。

カリブーが一年間に移動する距離は何千キロといわれていて、他に大きな季節移動をする動物としてはアフリカのヌーという動物が知られていますね。おそらくヌーとカリブーは、地上の動物として一番壮大な旅をする動物だろうと思います。ただ、アラスカに住んでいるほとんどの人はカリブーの季節移動を見られないんですね。一万年以上前から何も変わらないカリブーの壮大な旅は、内陸のインディアンとイヌイットの人たちだけがわずかに垣間見てきた世界で、そういうアラスカの自然の懐の深さを僕は彼らの季節移動から感じます。

少しずついろいろなところからカリブーの群が北極圏を目指して渡っていきます。この時期、雌のほとんどが身ごもって出産を控えています。カリブーが毎年どのルートを通って北極圏に入ってくるのかは毎年決まっていないんですね。そういう意味でも非常にミステリアスな動物です。アラスカの自然に魅かれる中で一番興味のある動物で、僕はカリブーがアラスカの自然の代表的な生き物のような気がします。

僕はポイントホープというクジラ漁で有名な村で、彼らと一緒にクジラ漁に行ったことがあります。彼らのクジラ漁は本当に素晴らしいんですね。イヌイットの人たちの暮らしは急速に変わりつつあって、いろいろな問題を含みながら近代化の波に巻き込まれています。その中で非常に自信を失いつつあって、アルコール中毒の問題とか自殺の問題とかたくさんの問題を今抱えている。でも、クジラ漁で見る若い人たちの顔はものすごく自信に満ちていて、そういうのを見ると非常に嬉しいんです。

四月の終わりから五月になると、冬の間びっしりと凍っていたベーリング海、北極海に亀裂ができ始めるんです。風と潮流によっていろいろなところに亀裂ができ始めます。クジラはこの季節南から渡ってくるわけですけれども、クジラは哺乳類ですから海面に上がって息をしなければいけない。つまりクジラは亀裂に沿ってベーリング海から北極海にかけて北上してくるわけです。その亀裂によってできる小さな海のことをリードと呼びます。僕が行ったポイントホープという村はもともとクジラ漁のルートに沿ってできあがった村で、毎年リードができる場所に非常に近いんですね。彼らは氷の上にキャンプを張ってクジラを待ちます。クジラ漁にはリードの大きさが非常に重要な意味を占めていて、リードが大きすぎても小さすぎてもクジラを獲ることができません。そしてリードは開いたり閉まったりするんですね。なぜリードが大きすぎるとクジラが獲れないかというと、彼らはモーターを使って追うわけではなくボートを手で漕いで追うので、とてもクジラに追いつけない。逆になぜ小さすぎるといけないかというと、銛を撃ったときに、急所に当たらなかった場合、クジラは氷の下に逃げてしまう。そうすると、最終的にクジラが死んでしまっても、彼らの手には戻ってこないんです。だから彼らはリードがいい大きさになるまでずっと何週間も待ちます。

クジラ漁のキャンプをしているとき、いろいろなエピソードがありました。リードが完全に閉まっているとき、僕らはテントを張って氷の上でキャンプをしています。僕はクジラ漁のキャンプで食事の手伝いをしたりして働いていたんですけれども、ときどき暇になると氷の上を散歩に出かけたんです。氷の上といっても、基本的には北極海の上なんですが、乱氷群がずっと続いている。そうすると、必ず仲間のイヌイットに一人で絶対遠くへ行ってはだめだ、いつ氷が離れてしまうか分からないんだから、と言われるんですね。僕はこれだけびっしり張っているんだから、そんなわけはないと気持ちの上ではいつも思っていたんですが、あるときびっくりするような出来事がありました。

ポイントホープの村では、十五くらいのキャンプを流氷の上に作っているんですが、必ずどのキャンプでも夜通し起きていなくてはならない見張り番がいます。僕たちがキャンプをしているのは氷の海の上なので、いつ動き出すか分からない。それを見張る役が必要なんですね。それは小さな子どもの役目で、彼らが成長したときに一人前のクジラ漁師になるための最初のステップなんです。テントの中で大人の連中が体を休めて寝ているときに、ストーブにアザラシの脂をくべながら、暖かくして一晩中テントを守る。ですから、どのキャンプでも誰かが起きて見張っているわけです。

それである晩、寝ているとヨーデルが聴こえてきたんです。ヨーデルといっても、僕らがよく知っているスイスのヨーデルではなくて、セイウチの鳴き声を真似たヨーデルなんです。それで伝令をどんどん送っていくんですが、何か危険が迫っているときに、それに気がついた者がキャンプから次のキャンプにヨーデルで知らせていく。それが夜聴こえてきたんですね。

一体何が起こったんだろうと思って、すぐ飛び起きてキャンプを出てみたら、僕たちのテントから本当に数十メートルも離れてないところからどんどん氷が割れていくんです。そしてずっと亀裂が入って、壮大な氷原が何の音もなくはがれていく。目の前に水が見えてきて、それがどんどん広がって海になっていく。つまりリードが開いていく瞬間だったんですね。それを見たときに仲間のイヌイットに言われたことの意味が初めて分かったんですけれども。

六月の終わり頃にマッキンレー山を撮っていてオオカミと出合ったことがあります。マッキンレー山は北米で一番高い山です。夜中の十二時近く、まだ山の上に残照が残っていて、写真を撮り終えてコーヒーを沸かしていたときに、ふと気づくと目の前にオオカミがいたんですね。オオカミはアラスカでもなかなか見られる動物ではないんですけれども、目の前で僕をずっと見ている。マッキンレーもバックにあるし、こんなチャンスは滅多にないと思いながら慌てて撮ったんです。それでフィルムを一本撮り終わって、交換しようと思って一台カメラを置いたときに、オオカミがつかつかと歩いてきて、そのカメラを持っていってしまったんですね。オオカミは盗って逃げるというより、軽い足どりでそのまま行ってしまうというような感じで、最初は落とすだろうと思ってしばらく見ていたんですけれども、落とさないでどんどん持っていってしまうので、慌てて追いかけて、やっとオオカミがカメラを落として僕の手元に戻ってきたんです。でも、そのカメラは壊れていました。その年に買った新しいカメラだったので、カメラ会社の人から、壊れたら日本に送ってくれれば直してあげるから、そのときに何が起こったのか必ず書いて下さいと言われていて、そのオオカミの話を書いた記憶があります。

そして、春にはブラックベアが冬眠から覚めて巣穴から出てきます。

イヌイットの村の近くで、村の若者と一緒に巣穴の前でクマが出てくるのを待っていたことがあります。彼はどこに巣穴があるかを知っていて、もう出てくるから待とうというので、ずっと待ったんです。僕は絶対出てくるわけがないと思っていたんですが、三日目、天気のいい暖かい日だったので雪の上で二人でつい寝てしまって、一時間ぐらいしてふと起きたら、雪面からブラックベアの耳が二つ出ているんですね。慌てて彼を起こして写真を撮ったんですが、クマが春に冬眠から覚めて出てくる瞬間を見るなどということは思いもしなかったので、とても感動しました。

アラスカではクマはだいたいどこにでもいるので、キャンプをしているときはやはり気になります。夏のキャンプと冬のキャンプの最大の違いは何かというと、夏は気候がすごく素晴らしいんですけど、テントで寝ているときにどこかでクマのことが頭にある。冬はどんなに寒くても、クマが冬眠しているのでその心配をまったくしなくていいんですね。ですから寒いけれど気持ちの上では楽に夜が過ごせる。

ただ、僕はアラスカにクマがいるということは大切だと思うんですね。例えば北海道にもまだヒグマは残っていますが、やはりだんだん少なくなっていく。もしヒグマが北海道にいなくなったらどんなに寂しいだろうと思うんです。アラスカの場合、夏にキャンプをするときにクマの心配をしながら、どこかでクマのことを考えながら夜を過ごすわけですが、逆に言うと、自然との間にそういう緊張感を持てるということは、贅沢なことであるとともに、とても大切なことだと思うんです。もしクマがいなくなったら、たしかに夜心配しないでキャンプをできるかもしれないけれども、それはつまらない、寂しい自然だなと思います。

それで、やはり子グマと一緒にいるクマにはちょっと気を使わなくてはいけないんですね。アラスカだと見通しがきく場所が多いので、クマがいると事前に気づくことが多いんです。ところが、少し背の高い草地に入ると、山の上から親子がいるのが見えていても、自分が下に行ったときには見えなくなって、ときどき親と子がすごく離れて採食をしていると、知らないでその間に入っていることがあります。そういうときは非常に危険なんですね。でも、あれだけアラスカにクマがいるのに、毎年事故はそれほど多いわけではありません。だから、クマというのは本当の自然の状態なら、僕はそれほど怖い存在ではないと思います。

アラスカで一番観光客がたくさん入るのはマッキンレーの国立公園です。今はデナリ国立公園という名前に変わりましたが、僕はそこのクマがアラスカで一番怖いんですね。なぜかというと、そこはたくさん人が入っていますから、クマが人間というものを知っているんです。僕はカリブーの撮影で毎年春に必ず北極圏に行きますが、必ず一度はクマに出合います。でも野生の状態なら、クマは必ず僕を見た途端に一目散に逃げていく。それがとても自然な状況で、クマはやはり人間が基本的には怖いんです。だから、クマの方で自然な距離を保ってくる。ところが国立公園というのはすごく安全そうで、事実は逆なんですね。なぜかというと、クマと人間との自然の距離が非常に狂っていて、そういう中で出合った場合、非常に危ないんです。クマが人間を知っているというのは、やはりすごく怖いことなんです。

アラスカは夏になると蚊がいっぱい発生して、カリブーがとても蚊に悩まされます。カリブーは雪の上や稜線の風のあるところへ出て、蚊をじっと避けます。ただ、この蚊も非常に大切です。夏のツンドラはものすごい数の渡り鳥の営巣地になりますから、蚊は彼らにとって非常に大切な食べ物になってくるんです。この時期にはいろいろな渡り鳥が北極圏で営巣します。営巣しているときの鳥は、何かが近づいてきても最後の最後まで我慢しますから、僕が知らないで歩いていると、急に目の前に飛び出してくることがあるんです。そういうときは近くの草むらの中に卵があったり、雛が孵っていたりする。例えばムナグロは、何もないようなところにポツンと巣を作ります。そういうふうに、北方の自然というのは、一見何もなさそうで、よく見ると実はいろんなところで生命が息づいているんですね。僕はそこが北の自然と南の自然との非常に大きな違いだと思います。南の自然は、花がいっぱい咲き乱れていて、鳥がいっぱい飛んでいて、すごく豊饒な自然だろうと思うんです。それとは逆に、北方の自然は周りを見渡しても何も生きていないような気がするんですが、でも、よく見るとちゃんとところどころに生命があって、花もやっと咲いている。そういう本当に地味な自然ですけれども、逆に自分がすごく魅かれる部分なんです。

シロフクロウの雛を、ブラインドを張って巣立ちまでずっと観察していたこともあります。卵から三週間以上ずっと観察していたんだけれども、そのときちょっと面白い光景を見ました。最初のうちは気がついていなかったんですが、このすぐ近くにコクガンというガンが営巣していたんです。どうしてこんな近くに営巣しなくてはいけないのか、とても不思議だったんですね。シロフクロウは猛禽ですから、餌がなくなってくれば容赦なく他の鳥の雛、ときには成鳥さえ襲います。それなのにどうしてそんな近くにわざわざ巣を作らなければならなかったんだろうと思ったんですね。いろいろ考えて、きっとそうだろうなと思ったのは、この時期、ホッキョクギツネがツンドラに営巣している鳥を一網打尽に食べていくんですね。信じられない量を食べるんです。ところが、ホッキョクギツネはシロフクロウの巣だけはやはり襲えない。シロフクロウはとても強いので、ホッキョクギツネを追いやってしまう。つまりコクガンは、こうした自然の力関係の中で、自らの種の存続のためにあえてこの場所に営巣したのではないか……と、そんなふうに思いました。

アラスカは日本の四倍近くあるところなので、それぞれの場所によって全然違う地形を形作っています。アラスカでは氷河は北より南に集中しています。なぜかというと、氷河の形成は降水量に関わってくるからで、アラスカの南を暖流の日本海流が流れていて、それが海岸線の高い山脈にぶつかって、たくさんの雪や雨を降らせて大氷河地帯を作っているんですね。南東アラスカの海をカヤックで旅するときは、水がすごく冷たくてほとんど氷点に近いので、たとえ晴れた日にも、カヤックを漕いでいるときは非常に気をつけなくてはならないんです。もし落ちるとおそらく十五分ももたないのではないかと思います。

そして夏になると、ザトウクジラがハワイからアラスカにやってきます。アラスカの夏の海はとても豊かなんですね。ザトウクジラはハワイの海で冬を過ごします。ザトウクジラにとって子育てにはとてもいい暖かい海ですが、ハワイの海では食べるものが何もありません。ハワイの海はとても透き通ってきれいな海ですけれども、プランクトンがほとんどいませんから、冬の間何も食べずに過ごして、六月頃になるとアラスカの海まで四〇〇〇キロ近くを渡ってきます。南東アラスカの海はバケツでちょっと海水を取ってみると分かりますけども、プランクトンだらけです。つまり、そのプランクトンを食べるニシンがいて、それを食べるアザラシとトドがいる。プランクトンは海の生態系の一番基本なので、プランクトンが豊富にいるかどうかということで海の豊かさは決まってくると思うんですが、そういう意味ではアラスカの海は非常に豊かな海です。

あるときクジラをずっと追う旅をしていたら、日本の編集者の人がどうしてもクジラを見たいと言うので、途中で合流して僕らのボートに乗って見ていたんですけれども、その編集者の人がこういう形で大きなブリーチングを見たんですね。そのときに言っていた言葉を今でも覚えているんですが、「本当に来てよかった。クジラを見てよかった」と。何がよかったのと訊いたら、「東京でとても忙しい生活に追われている、その同じ瞬間に、アラスカでクジラがこうして跳び上がっているんだということを知れただけでいい」と答えた。それを聞いたときに、かつて自分が北海道のクマに対して持っていた気持ちととても似ているなと思ったんです。自分が都会で日々忙しく暮らしているときに、同じ瞬間に北海道のクマがどこかで歩いている、生きている。

結局、当たり前のことなんですけれども、世界中でいろいろな自然現象が起きている。それを実際に見たとき、今この瞬間にクジラが水から跳び上がっているんだという意識を持てるか持てないかというのは、僕はものすごく大きいと思うんです。

ザトウクジラの採食行動は、皆さんもテレビなどで見たことがあると思いますけれども、バブルネットフィーディングといいます。クジラがニシンの群れを見つけたときに、その下をぐるぐるあぶくを出しながら泳いで、あぶくが海中で円柱状の壁になって、ニシンがその中に閉じ込められてしまうんです。怖くてあぶくの壁を破れない。それでどんどん海面に逃げてきて、海面が真っ黒になる程のニシンの群れになるんです。そこをクジラが下から大きな口を開けながら一網打尽にするんですけれども、これはすさまじい採食行動で、初めて見たときはびっくりしました。

クジラが群れでずっと泳いでいて、ある瞬間一斉に沈んでいくわけです。そのまましばらく沈んでいて、ニシンの群れを追いかけているわけですけども、そのとき最初に何が見えるかというと、海面上に大きなあぶくの輪があるんです。そこからクジラがロケットのように跳び上がってくる。だいたい三頭から六、七頭の群れでそれをやるんですが、その直前に歌が聴こえてくるんですね。水中マイクを使うととてもはっきり聴こえるんですけれども、マイクがなくても聴こえてきます。それは本当に不思議な歌で、それが聴こえてからしばらく経つと、クジラがその輪の中から、ものすごい迫力で跳び上がってきます。

一度、非常に感動したことがあって、僕らは小さいゴムボートでずっとそれを見ているわけですけども、クジラが全部沈んでどこに大きなあぶくの輪ができるかどうか待っているときにはゴムボートのエンジンを止めておくんです。それでじっと静かに待つんですけども、そのときに突然僕らのボートの周りにクジラのあぶくの輪がぐるっと上がってきたんです。もうどうしようもなくて、友達と顔を一瞬見合わせたんです。海を見たらクジラが海中から浮き上がってくるのが見えるんです。ああと思ったら、直前でクジラの群れがずっと遠ざかっていって、あぶくの輪の外から出てきて息を吐いているんですね。ずっと息を止めていたわけですから。結局、ずっと歌を歌いながらニシンをあぶくで追い詰めて、最後の最後の瞬間に上に何かがあると思ったんでしょう。それで採食行動をストップしたんです。結局、僕らは彼らの採食行動の邪魔をしたわけですけれども、でも、それとは別に、どうして最後の瞬間に彼らが一斉にやめることができるのか、とても不思議に思いました。

アラスカでは六月ぐらいから花が咲き始めて、時期によってどんどん花が変わっていきます。アラスカの州花はワスレナグサですが、ヤナギランはアラスカの花の中でいちばん最後に咲く花で、ヤナギランが咲き始めると、もう秋が近いなと思います。秋のフエアバンクスはアスペンとかシラカバが紅葉してとてもきれいな時期です。北方の秋はどこでもとてもきれいですけれども、アラスカの秋もやはり素晴らしくて、八月の終わりから紅葉が始まって、ツンドラは真っ赤になる、いちばんいい季節で、八月の中頃ぐらいになるとオーロラが出始めます。

アラスカにサケが上がってくる時期になるとクマが川に集まってきてサケを食べます。この時期、クマはものすごい量のサケを食べるんですね。クマはサケがいっぱい上がってくるときにはどんどん獲れるので、おいしい部分、つまり頭と卵しか食べないで身は捨ててしまうことが多いんです。ですからその周りでは鳥がおこぼれを狙っています。サケは動物だけでなく、暮らしている人にとっても非常に大きな自然の恵みです。よくアメリカ人の友達に君たちは全然魚の食べ方を知らないと冗談を言うんですが、アメリカ人はサケを獲ると頭と卵を捨てて身を食べます。つまり、一番おいしいところを捨ててしまうんですね。よく彼らにクマの方がよっぽど魚の食べ方を知っていると言うんですけれども。

とても面白いシーンを見たことがあります。あるとき、クマがサケを捕まえて、しばらく手で持っていて放してしまうことがあったんです。何をやっているのかなと見ていると、またサケを捕まえて手で放してしまう。何をやっているのか分からなかったんですけれども、後から友人の研究者に訊いたところ、それは雌だけ食べようとしていたのではないかと言っていました。

またあるときは、二頭の子連れのクマが現れて、一頭の母グマは三頭の子グマを連れていて、もう一頭の母グマは一頭だけ子グマを連れていたんですが、母グマが両方とも川に入ってサケを獲り始めて、子グマは岸辺に置き去りにされてずっと待っていたんです。最初は離れていたんですけれども、そのうち子グマ同士がお互いに興味を持ち出して、だんだん近づいていっていってしまいに一緒になってしまったんですね。すると母グマが慌てて戻ってきて、僕は一頭がもしかしたら噛み殺されてしまうのかなと思ったんですが、もう一頭のクマも慌てて戻ってきて、睨みあってほどなく別れていきました。ときどき、こうした緊張した瞬間に離れて逃げていくとき、子グマが自分の母親ではない方にくっついて逃げてしまうことがあるらしいんです。でも、その場合でも、クマは不思議な動物で育ててしまうことが多いようです。ときどき四頭の子連れのクマを見ることがあるんですが、多くの場合、一頭は自分の子どもではないんですね。

秋になるとカリブーは、夏まで生えていた袋角というビロード状のものがだんだん取れて、骨質の角が出てきます。カリブーはシカ類ですから、角が冬になる前に落ちて、それで春からまた生え始めます。ちょっと考えられないほど大きな角が、春から秋にかけていっぺんに生えてしまうんですね。

カリブーは秋の季節移動に際して北極圏のコバック川をどうしても渡らなくてはなりません。そしてイヌイットの人たちはそこでカリブーの狩猟を行うわけです。

あるとき、僕の友人の子どもが初めてカリブーの狩猟に行ったときに偶然居合わせたことがあるんですが、子どもの頃にそういう経験ができるというのは、とても素晴らしいと思いました。日本だったら、こんな小さな子どもがカリブーのような大きな動物を殺したりすることは考えられないと思うんですけれども、アラスカの自然の中では、やはり狩猟生活がまだ人の中に非常に密接に関わっています。その子どもの父親は僕の友人で植物学者ですけれども、おそらくとてもいい形で子どもに初めての狩猟をさせたと思います。カリブーを初めて自分で殺して、解体する。自分のナイフで切って肉を得る。非常に大きな動物ですから、血がいっぱい出るわけです。そういうことはとても大きな経験で、動物を殺すことによって生命を自分の中で感じていくということがきっとあると思うんです。だから、そういう意味では非常に恵まれている子どもたちだなと思いました。

一方ムースは、カリブーより一回りも二回りも大きな動物です。ムースはアラスカの人たちの好物で、大きいものは一頭八〇〇キロぐらいある。僕のいるフェアバンクスだと、家族で「今日の夕食は肉にしよう」と言うときは、たいていムースの肉であることが多いですね。ムースの肉は本当においしくて、ビーフとムースを出されたら、おそらくアラスカの人は皆ムースの肉を取るだろうと思います。でも、この肉は売ったり買ったりしてはいけなくて、その季節になったら自分で許可を取って獲りに行かなくてはいけません。

ムースは春に二頭の子どもを生みますけれども、アラスカで何が怖いといってムースほど怖いものはない。僕にとってはクマより怖い動物です。ムースはシカの一種ですけれど、シカのイメージをはるかに超えた巨大な動物で、とくに子連れのムースは非常に危険です。前足で蹴る力が非常に強くて、この時期、やはりクマがムースの子どもを襲おうとしますが、ほとんどのクマはムースに逆襲されてしまいます。あるとき見たシーンでは、子どもを襲おうとしたクマが母ムースに逆襲されて、前足で死んでしまうのではないかと思うほど叩きつけられていました。

秋になると、アラスカにはブルーベリーやクランベリーなど、本当にたくさんの木の実がなります。

アラスカには土産の果物がないですから、アラスカの人々はブルーベリーやクランベリーをとても大切にして、この時期になると一年分のブルーベリーを集めに家族総出で山に入ります。信じられない話ですけれども、アラスカ中の人が一年分のブルーベリーを集めて、クマも食べて、鳥もたくさん食べる。ところが九九パーセント以上のブルーベリーは誰にも食べられないで終わってしまいます。それほどアラスカ中が木の実に覆われてしまうんです。

この時期、皆よく「クマと頭をぶつけるなよ」と言います。アラスカにはそういう絵本もあるんですが、クマも周りを見ないで一生懸命食べているし、人間も周りも見ないで一生懸命木の実を摘んでいるので、そういう言葉が本当に冗談ではないほど、木の実を摘んでいるときには周りを気にしないといけないんですね。

クマとばったり出合ったら、死んだふりをしろとよく言いますけれども、あれはやはり一理ありまして、場合によりますが、基本的には自分が落ち着いているということがいちばん大切なんですね。クマもやはりばったり出合ったときは人間が怖いんです。怖いということは、緊張するわけで、その緊張感は相手に伝わります。野生動物がそういうことを感じないはずはないんです。例えば、身近なことでいえば、イヌの嫌いな人がよその家に訪ねていって、その家にイヌがいた場合、イヌは一瞬のうちにそれを察知しますね。そういう感覚を野生動物はもっと強く持っているわけです。それは非常によくない状況です。クマは、人間とばったり出合ったとき、怖いから逃げるか、怖いから襲うかをきっと判断すると思うんですけれども、そういう状況を避けるためには、なるべく自分が落ち着いているということがとても大切です。

アラスカにイヌイットの人たちが住んでいることは皆さんも知っていると思いますけれども、インディアンの人たちが住んでいるという認識はあまりないのではないでしょうか。

でも、実はイヌイットの人たちと同じくらいの数のインディアンの人たちがアラスカの内陸に住んでいます。もともとはインディアンの人たちの方が早くアラスカに渡ってきたんですね。アパッチなどアメリカ本土のインディアンの人たちは、もともと北方アジアからアラスカを渡ってきた人たちだと言われています。そんな中でアラスカに居残ったのが、アサバスカンインディアンの人たちです。

アサバスカンインディアンの村ではポトラッチという集まりがあります。村で誰かが死ぬとそのちょうど一年後にいろいろな食べ物を持ち寄って、踊って食べて三日間過ごすんですね。彼らの村ではムースの狩猟が非常に大きな部分を占めています。このポトラッチのいちばん大切な食べ物はムースのヘッドスープ、頭を煮込んだスープで非常に神聖化された食べ物なんです。

僕は昔、イヌイットのおばあさんと一緒にエスキモーポテトという植物の根を採りに行ったことがあります。秋になると彼らはエスキモーポテトという木の根を集めに行くんです。どうやって集めるかというと、ツンドラを足で踏みながらネズミの穴を探すんですね。ネズミの穴を見つけて、鍬みたいなものでツンドラを掘り起こすと、ネズミが冬に食べるための食糧としてエスキモーポテトをいっぱい蓄えているんです。それを見つけて取る。そのときにおばあさんが何をしたかというと、自分の持っていた魚の干物を穴の中に入れてもう一回穴を土で覆ったんです。結局、自分たちがネズミの食べ物を取るのだから、自分も返す。そういう意識がこの世代の人たちにはまだ根強く残っています。残念ながら若い人たちの間ではもう消えつつありますけれども、そういう瞬間に出合うとはっとすることがあります。

アラスカ北極圏は実はものすごく大きな埋蔵量の油田があるとされているところで、アメリカの環境問題の論争の中でもいちばん大きな論争となっているんですね。つまり、油田開発するか、それとも何万年も前と変わらない手つかずの自然をそのまま残していくかという論争です。

今のアラスカの州知事は開発派ですけれども、開発派はやはりこんなところへは誰も行けないじゃないか、それなら油田開発をした方がよっぽどいいという論理で来るわけです。

でも、僕がやはりそれはちょっと違うなと思うのは、先ほども言いましたように、別にその場所に行く必要はないと思うんです。そこに何万年前とまったく同じ世界があって、カリブーの大群が押し寄せてきて出産して帰っていく。オオカミが昔と同じように徘徊している。そういう世界が残されている。その事実が自分たちにとってすごく豊かなことのような気がするんですね。州知事が言うように、そこへは誰も行けないかもしれないけれど、それは大切なことではないような気がするんです。

そう考えると、アラスカの自然を見ていく中で非常に残念に思うことは、例えば北極圏の自然は本当の野生なんです。それが自分が魅かれている理由なわけですけど、ところがあまりにも野生であるがゆえに、逆に弱さを持っているところがあるんです。例えばそこに誰もが行ける観光地だったら、その自然はまた違う力を持ってきます。なぜかというと、それは経済的なものにつながってくるからなんですね。

例えばアフリカという自然を考えた場合、アフリカ全体の事ではないですけれども、セレンゲティという皆が一番動物を見に行く場所があります。テレビなどで見ていると、一頭のライオンの周りをいろいろな観光客の車が取り囲んでいて、僕は悲しい風景だなと思うんですけれども、では、アラスカの自然と比べてどちらが生き延びていくかと思うと、すごく不安なところがあります。観光地となったアフリカのセレンゲティは、きっと生き延びていくのではないか。なぜかというと、やはりそこにお金が落ちていく。観光という場になりうる。

ところが、アラスカの自然は観光の場になりえないんです。つまり、あまりにも自然が厳しい。あまりにも遠い。なかなか入っていけない。それはアラスカのよさで、僕が魅かれている部分ですけども、逆に何かがあったときに、簡単に覆されてしまう自然なんですね。

そしてそこには、ものすごい量の石油が埋蔵されている。そういうことがあったときに、先ほどの州知事の話じゃないですが、誰も行けない自然を保護してどうするんだというふうに、野生であればあるほど逆に脆さを持ってしまう。何かあった場合に簡単に開発の方向に転がってしまう。アラスカの自然はそういう部分を持っているような気がします。

第五章

オーロラの下で

1994年２月６日、岐阜県国府町（現高山市）町民会館にて行われた講演。講演タイトルは「アラスカを撮って20年」。

アラスカは日本から遠い場所なのでなかなかイメージが湧かないと思いますが、日本人にとってアラスカが遠いように、多くのアメリカ人にとってもアラスカはとても遠いところなんですね。アメリカ本土に行くと、彼らが同じ国であるアラスカのことを本当に知らないと実感します。地図を見るとよく分かりますが、アラスカとアメリカの間にカナダが入っているのでとても遠く感じるんですね。だから、アメリカ本土からアラスカに移り住む人々は、「なぜアラスカに行くのか」とよく訊かれます。同じ国にいても、なんとなく不思議なわけですね。なぜわざわざ寒いところに移り住んでいくのかと。

というわけで、まず日本人である僕がなぜアラスカに行ったのかというきっかけから話してみようと思います。

初めて僕がアラスカのことを頭の中で考え始めたのは十代の頃でした。その頃、僕は自然が好きで、特に北海道という土地への憧れが非常に強かったんですね。いつか北海道に行ってみたいという思いがありました。そのうちにその思いがどういうわけか、もっともっと北のアラスカに対する興味にだんだん変わっていったんです。

ところが二十年以上前の話ですから、アラスカの資料なんて何もないわけです。今では日本でもアラスカに関する本もいくつか出ていますが、その当時はアラスカのことを知りたいと思ってもまったく資料がなかった。

そのときに、東京のある洋書専門の古本屋で偶然アラスカの本を見つけたんですね。

アラスカの写真集とまではいかないですけど、写真がかなりたくさん載っている本でした。それでその本を購入して、毎日毎日眺めていたんです。学校に行くときも必ずその本を持っていって、写真を眺めるのがたまらなく楽しみでした。次のページをめくる前にどういう写真がくるのかが分かっているくらい、その本を見ていた。それでなんとなくアラスカという土地が自分の中でイメージできるようになったんですが、とはいえ、すごく遠い世界であることには変わりなかったんですね。

その本の中に、とても魅かれた一点の写真がありました。

北極圏のあるエスキモーの村を空撮で撮った写真だったんです。北極海にちょうど夕日が落ちるところを飛行機の上から撮った写真なんですが、小さな集落がポツンと真ん中にあって、その周りには荒涼とした世界が広がっていました。その写真が好きでずっと見ていたんですが、そのうち写真の中の集落に興味を持ち始めたんです。「どうしてこんなところに人が住んでいるんだろう」という思いがだんだん募ってきて、この村にどうしても行ってみたくなった。

そこで、思いきってこの村に手紙を書いてみようと思ったんです。本当にラッキーなことに、その写真のキャプションにちゃんと村の名前が書いてあったんですね。その村はシシュマレフという海岸エスキモーの村だったんですが、地図でその村を見つけて、手紙を書きました。誰も知っている人がいないわけですから、その村の村長に手紙を出せばいいだろうと思ったんです。村長は英語だとメイヤー（Mayor）という言葉なんですが、その言葉と村の名前、あとはアラスカ、U.S.A.とだけ書いて手紙を出したんです。当時、英語の文章が上手く書けないのでかなりでたらめな内容の手紙だったと思うんですけど、とにかく気持ちを伝えたんですね。どんな暮らしをしているのか非常に興味があるので、その村に行ってみたい、ついては誰か自分を世話してくれる人はいないだろうかという内容でした。

きっとその手紙は届かないだろうと思っていましたから、もう一度地図を広げて、北極海沿岸のなるべく小さな村をたしか六つ選んだと思うんですけど、まったく同じ手紙を村の名前だけ変えて出しました。

やはりいくつかの手紙は住所不明で返ってきてしまい、返事も来なかったので、手紙を出したこともだんだん忘れかけていたんですね。でもそれから半年くらい経ったある日、学校から家に帰ってきたら郵便箱に国際郵便が入っていて、急いで住所を見たら、僕が最初に行きたかった村の名前が書いてあったんです。その村のある家族からの返事だった。とても簡単な内容だったんですが、いろいろ家族で話した結果、君を受け入れることになったからいつでも来なさいと書いてありました。その日のことは本当によく覚えているんですけど、今まですごく遠かったアラスカが目の前に、自分の手の届く範囲に現れた気がしてとても嬉しかったですね。

それで、十九歳の夏にその村に行って、三カ月ほどその村で過ごしました。海岸エスキモーのとても静かな村だったんですが、村人が本当に自分を受け入れてくれたんです。おそらくその村に日本人が来たのは初めてだったと思うんですが、結局彼らと顔が変わらないので親しみやすかったんでしょうね。僕を世話してくれた家族は僕のことを「エスキモーボーイ、エスキモーボーイ」と呼んでいました。その村はいまだに狩猟生活が中心なので、アザラシやカリブーの狩猟に出かけたり、さまざまな海岸エスキモーの食べ物を食べたりして楽しく過ごしました。

最初に自分がその村の写真を見たときは、「どうしてこんなところに暮らしているんだろう」と思ったわけですけど、わずか三カ月暮らしただけで、たとえ自分がそこで生まれて死んでいっても何も不思議はないと思えたんです。「彼らにとってはここが世界の中心なんだ」と、そういう思いを持ったんですね。それは僕にとってはとてもショッキングな経験だったんです。僕は千葉で育ったんですけど、基本的に千葉県というところは東京のベッドタウンみたいなところで、そういうところでずっと育ってきて、なんとなくいつも東京が中心のような感覚がありました。ですから、一方でアラスカの中でも地の果てのようなところに人の暮らしがあって、そこでちゃんと家族が過ごして一生を終えていくということが、その当時の自分にとっては不思議なことだったんですが、実際に暮らしてみて「ああ、こういうことなんだな」という感覚を持ったんですね。世界には無数の村があって、町があって、人の暮らしがある。そのそれぞれが世界の中心であって、そういうふうに人は生きているんだなと、そういう感覚で世界地図を見るようになりました。

それがアラスカとの最初の関わりだったんですが、帰国して、大学を卒業してから何か自分の将来を決めようと思ったときに、二十三歳の頃だったと思うんですけど、何を自分の仕事にするべきか、なかなか方向が見えなかったんです。はっきりしていたのは、何か自然に関わる仕事がしたいということと、それからもう一度アラスカに戻りたいということだけでした。それでいろいろ考えて、ふと写真だったらできるかなと思ったんですね。それまで僕は趣味ですら写真を撮っていたことは一度もなくて、自分のカメラさえ持っていなかったんですが、写真を見るのはとても好きだったので、もしかしたら写真を撮りながらアラスカを旅していけるかなと思った。それで、突然写真をやろうという気持ちになって、もう一度アラスカに戻っていったんです。

皆さんはアラスカというと寒いイメージしかないと思います。でも実はアラスカにもちゃんと四季があって、普通の人の暮らしがあるんですね。

先ほどもお話しした通り、アメリカ人にとってもアラスカというのはとても遠いところなんですけど、どこか憧れの土地でもあって、それはやっぱり大きな自然が残っているからなんですね。地図で見ると、アラスカには道路がほとんどないんです。僕が住んでいるフェアバンクスはちょうど真ん中にあって、アラスカで二番目に大きな町なんですが、人口はそれほど多くありません。その他にも点々とたくさんの集落が書かれているんですが、そういうところに行くには小さなセスナとか十人乗りの飛行機で行くしかない。アラスカの地図を広げるとよく騙されるんです。あるとき、人を尋ねるためにある村に行かなければならなくて、地図には黒丸でちゃんとその村の名前が書いてあったんですが、「どういうところかな」と思いながらセスナに乗って行ってみたら、そこには四家族しか人が住んでいなかったんです。そういうふうに、ぽつぽつと人が暮らしているんですね。そういうところがアラスカの魅力でもあり、一言では伝えられないんですけども、アメリカの中でも手つかずの自然がたくさん残っている本当に最後の土地だと思います。

今日はどうやってアラスカの自然のことを話そうかと考えてきたんですが、五年ぐらい前に僕の友人が日本からアラスカに来たときのことを話そうと思います。その友人は東京で非常に忙しい暮らしをしている人だったんですけれども、彼が来たときに、ちょうど僕はクジラの撮影で南東アラスカという地域を旅していたんです。それでその彼も一週間ほど小さな船に乗って僕の撮影に参加したんですが、ある夕暮れにザトウクジラを見つけて、船で追っていったんです。ずっと追っていたら、突然そのザトウクジラが僕らの目の前で跳び上がったんですね。それはブリーチングという行動で、どうしてそういう行動をするのか誰も分からないんです。それまでゆっくり動いていたクジラが突然僕らの本当に目の前で全身空中に跳び上がったんですね。跳び上がったのは一回で、またすぐに泳ぎ始めた。それで、だんだん暗くなってきて、夜になってしまった。ただそれだけのことだったんです。

帰国後その友人から手紙が送られてきて、アラスカに行って本当によかったと書かれていたんですが、やはりクジラが跳び上がったのを見れたのがよかったと。東京で日々暮らして忙しい生活をしていると、ふとそのときのことを思い出すらしいんです。クジラが、自分が東京で忙しい生活をしている同じ瞬間に、アラスカでクジラが跳び上がっているかもしれない。そう思えるだけでホッとする。それを自分の眼で見ることができたことがよかったということなんですね。

僕もその手紙を読んで、本当にそうだなと共感する思いがありまして、それは自分が初めて自然というものに興味を持ったことと繋がってくるんです。

北海道に対する憧れを持っていた十代の頃にいろんな本を読んでいて、あるとき北海道にヒグマがいるということがとても不思議に思えた時期があったんですね。東京で電車に乗っているときにふとそういうことを考えると、自分が電車に乗っている今、この瞬間に、北海道の原野ではクマが同じ瞬間を生きているということを考え始めると、とても不思議に思えた時期がありました。考えてみると当たり前のことなんですけど、いろんなものが同じ時間を過ごしている不思議さというか、こうやって生きている同じ瞬間に、今、こうやって僕が話している同じ瞬間にも、北海道の原野で、あるいはおそらくこの飛騨の山の中にもきっとクマがいて、今この瞬間を歩いている。そういう風に考えてみるととても不思議な気がして、それが初めて自然に対して興味をとても深く持った出来事だったんです。

アラスカに行ってから村の生活に触れたときにもやっぱり同じ思いがあって、東京でこういう暮らしをしているときに、エスキモーの人が海で狩猟をしているという、人の暮らしの多様性にとても興味を持つようになりました。

若干アラスカ全体の説明をしようと思いますけれども、アラスカの広さはだいたい日本の四倍くらいの広さです。僕の友人が面白い計算をしたんですけど、アラスカの人口密度をそのまま東京に当てはめるとどうなるかという計算をしたら、だいたい東京都全体に九十五人しか住んでいないことになってしまうんですね。それだけ広い土地に少ない人間が暮らしているところなんです。

アラスカでは今はまだ厳冬期です。僕がいるフェアバンクスという町はアラスカの中でもいちばん寒くなるところで、マイナス四〇度、五〇度、すごく寒くなるころだと、マイナス六〇度くらいになるんですね。僕はあと十日くらいで帰るんですが、冬至が過ぎているので気持ちがちょっとホッとしているんですね。日本で暮らしていると、冬至はそれほど大きな意味を持たないのかもしれませんが、アラスカでは冬至と夏至が非常に大きな意味を持っているんです。なぜかというと、アラスカで暮らしていると太陽の位置というのがいつも気になるんですね。アラスカでは季節の移り変わりが非常にダイナミックで、夏になると太陽が沈みません。一日頭の上を太陽がぐるぐる回っている。逆に冬になると太陽がほとんど出てこなくなってしまうんです。緯度によっても違うんですが、北極圏に行くと全く太陽が出ない、暗黒の日々が何週間も続くんです。そうすると、本当にいちばん寒い季節は冬至よりずっと先の一月や二月なんですが、冬至が過ぎるとなんとなく気持ちがホッとするんです。なぜかというと、冬至を境に太陽の日照時間が長くなっていくからなんですね。今の時期、アラスカではだいたい太陽の日照時間が一日に七分か八分の割合で延びているんです。それはすごいことで、十日間で一時間以上日照時間が延びている。本当はこれからいちばん寒い時期が来るんですけど、それが気持ちの中で皆あって、なんとなく春を予感し始める、そういう感じなんですね。そでは逆に夏至がどういう意味を持つかというと、夏至は六月ですからまだ真夏になっていない時期なんですが、これから夏が来るというのに夏至が来るとなんとなく淋しい気がするんですね。それは毎日日照時間が短くなってくるからなんです。夏至を過ぎると、地平線から朝日が出てもすぐにそのまま夕日になってしまう。そういう意味で、アラスカは一日の太陽の動きがとても気になる土地です。だからいつも太陽の動きを見ているんですね。

夏至の頃の人々の気持ちを説明するときによくこの話をするんですが、あるとき韓国の野球のオリンピックチームが練習試合のためにフェアバンクスに来たことがありました。僕の住んでいるフェアバンクス社会人チームは全国的にも強いチームなので試合をすることになったんですが、その試合がちょうど夏至の日でした。

アラスカでは、夏至の日の野球はどんなに暗くなっても球場のライトをつけないで試合をやるという決まりがあるんですね。それはお祭りのように夏至を祝うという意味が一つあるんですが、だいたい夏至の日はほとんど暗くならないので、ライトをつけなくても試合が出来てしまうんです。ところが、その日に限って天候が崩れてしまい、本当に暗くなってしまったんです。最初試合が始まった頃には球が見えたんですけど、だんだん回が進んで行くにつれてボールがよく見えなくなっていく。それで韓国のチームから球場の明かりをつけてくれというクレームがあったんですが、フェアバンクスのチームは夏至の決まりだからということで拒否したんですね。そのうちライトをつけないと球を追えないくらい暗くなってしまって、とうとう試合が終わる前に韓国の野球チームが怒って帰ってしまったんです。でも、観客は誰も文句を言いませんでした。

では、季節を追いながら、アラスカの自然と人についてお話ししたいと思います。

皆さんは聞いたことがあるかもしれませんが、アラスカには春がいつ来るかを賭けるゲームがあります。春先になると川が動き始める瞬間があって、それが何月、何日何時何分何秒かと皆で賭けるわけです。川沿いにある小さなやぐらがロープで時計と繋げられていて、川が動き始めるとそのやぐらが氷と一緒に流される。そのときにロープが引っ張られて、時計の針が止まる仕組みになっているんですね。いちばん近かった人が賭け金を全額もらえるという、とても気持ちのいいゲームです。僕は一度ユーコン川が開く瞬間を見たことがあって、それはもう本当にびっくりしました。そろそろ川が開くかもしれないと聞いたので、もしかしたらその瞬間が見れるかなと思ってずっと川のほとりで待っていたんです。すると突然ボーンというすごい音がして、凍りついていた川が一気に流れ出した。アラスカに暮らしていると、日本と違ってある時期に自然がポーンと変わって次の季節に入っていく。そういうダイナミックな自然なんですね。毎年ユーコン川が開いたというニュースは新聞の第一面に載るんですが、それくらいアラスカの人たちは春を待ち焦がれています。

そして春先、四月くらいになると、エスキモーの人たちのクジラ漁が始まります。

冬の間、ベーリング海や北極海は完全に凍っているんですが、この時期に潮流と気圧の関係で少しずつ氷に亀裂が出てくるんですね。そして、セミクジラやコククジラが南からベーリング海や北極海に向って移動してきます。ところがクジラは哺乳類なので、息を吸わなくてはいけないんですね。ですからその亀裂に沿って北上してくるわけです。その亀裂というのはいわば小さな海なわけですが、クジラは呼吸をしながら亀裂をずっと繋いでいって、北極海に移動する。その小さな海のことをリードと言います。エスキモーの人たちはそのリードの中でクジラ漁をするんですが、それは本当に自然のもたらした恵みだと思います。もしそのリードがなかったら彼らはクジラ漁ができないんですね。今でも彼らはアザラシの皮で作ったボートを手で漕いでクジラを追うので、大きな海でクジラ漁をするのは不可能なんです。

僕が初めてクジラ漁に参加したのは一九八三年だったと思います。ポイントホープという北極圏の、まだ伝統的なクジラ漁が残っている村でした。

この年はリードがなかなか開かなくて、リードが開くのを何週間も氷の上でずっと待ったんです。氷の上でのキャンプというのは非常に興味深くて、氷の上ですけれども、実は海の上でキャンプをしているわけなんですね。ずっと氷の上にいると海上にいるという感覚がなくなってしまうんです。僕はそのクジラ漁のキャンプでいろんな仕事をして働いていたんですけれども、ふと時間が空くと散歩に出かけてしまうんです。がっしりした流氷群なので、動くわけがないと思っていたんですけど、エスキモーの仲間からは絶対に一人で長い散歩には出かけるなと口酸っぱく言われました。いつ氷が開くか分からないからと。でも、僕はなかなか実感としては感じられなかったんです。

初めてそれが実感として分かったのは、ある夜寝ているときにハプニングが起こったんですね。クジラ漁のキャンプというのはリードに沿って一〇〇メートルおきにずっと続いているんですが、もし氷が開き始めたらとても危険なので夜寝ているときでも誰かが必ず起きて、氷の動きを見ているんですね。それで、ある夜寝ていたら急にヨーデルが聴こえてきたんです。有名なスイスのヨーデルとは違って、セイウチの声を真似たヨーデルなんですが、それが僕らのキャンプに近づいてきて、起きているエスキモーの若者がどんどん次のキャンプに伝えていくんです。それは危険を知らせるものなんですね。それで僕らも何が起こったのかと慌てて飛び起きて、テントを出てみると、ほんの二〇メートル先の氷にずっと亀裂が入って、どんどんはがれていく。見渡す限りの氷に一本の亀裂が入って、一本の海が見えてくるんですね。それを見たときに、本当に彼らが言っていたことを実感しました。まったく音を立てずに氷の表面全体が動いていくさまは、とても恐い風景であると同時に、感動的な風景でした。

そういうふうにキャンプをしながらクジラを待つわけですけれども、この年はリードがなかなかうまく開かなくて、もしかしたらクジラが獲れないんじゃないかという不安が村人の中に広がってきたんです。四月の初め頃からキャンプが始まっていますから、五月に入ると皆がほとんど諦めていたんですね。クジラがまったく獲れない年はそれまで一度もなかったので、かなり失望していた。ところが、やっとクジラが獲れたというニュースが入ったんです。どこか他のキャンプのクルーが海でクジラを獲ったと。すると皆が一斉に捕獲の現場に向かいます。なぜかというと、誰が獲ってもその肉は村人全体で分け与えられますが、早く着いた人からいい肉が分け与えられるからなんですね。それで、そのときは皆が本当に早くクジラの肉を食べたいと思っていたので、クジラが獲れたというニュースが伝えられたときは誰もが涙が出るような感じで興奮していました。

皆でクジラを引きながらキャンプに帰ってきて、そのクジラはいつも獲れるクジラほど大きなものではなかったんですが、その年初めてのクジラだったので、皆とても興奮していました。一頭のクジラを皆で氷の上に引き上げるんですが、それがまたこんな大きなクジラを引いて上げられるんだろうかと思いながらも、少しずつ引いていって、いつの間にか氷面に上がっているんですね。少し前まで北極海を泳いでいたクジラが自分たちの目の前にあるというのはすごく不思議な感じなんですけれども、クジラを引き上げるとまず皆がクジラの前に集まって、お祈りが始まるんです。それはクジラが自分たちの前に来てくれたことに対する感謝のお祈りだったと思うんですが、それからもう一つ、解体の前にマクタックという黒い表皮の部分をちょっと切って、皆で食べます。非常に珍味とされていて、食べてみると本当においしいんですけれども。

そしてようやくクジラの解体が始まるんですね。そのクジラを解体していく作業がとても面白くて、年寄りはやっぱり力がないので、クジラを切ることはなかなかできないんですね。それで、このクジラを射止めたクルーの若者が解体する仕事に就くことができるんですけど、若者はやっぱりこのクジラをどうやって解体していくかという方法について年寄りの知恵がないとなかなか分からないんですね。何人もの若者がこのクジラの上に乗って、昔からの切り方で解体していくんですが、若者たちが不安そうにしていると必ず年寄りが「そこはこうやって切るんだ」とアドバイスするんです。そういうふうに若者たちは昔からの切り方を少しずつ学んでいくわけなんですが、この風景を見ていてすごくいいなと思ったんですね。今、アラスカのエスキモーはいろんな問題を抱えていて、だんだん自分たちの文化が失われていく。その中でクジラ漁は自分たちのアイデンティティーというか、「自分たちはエスキモーなんだ」という誇りを非常に持てる瞬間なんです。若者が生き生きと感じられて、年寄りが非常に力を持っている。それは見ていてとても健康的な社会と思えたんですね。年寄りは体力がなくなっても知恵が残っている。そういうことをクジラ漁は感じさせてくれたので、僕にとっても非常に印象に残っている体験でした。

エスキモーの人たちは、日本人ととても似ています。僕らがエスキモーの村に入っても必ず向こうの人に間違えられる。僕の顔の形や頭の形も影響しているのかなと思うんですが、基本的にエスキモーも日本人もモンゴロイドとして同じ流れを汲んでいるわけで、非常に親しみを感じるんですね。ただちょっと悲しいのは、彼らの言葉がだんだんなくなってきたことです。昔、アメリカ本国がエスキモーやインディアンの人たちを同化させようという政策を施行していたこともあって、子どもたちが学校で自分たちの言葉を話すと体罰が加えられる時代が五十年も続いたんです。その間にだんだん口頭言語がなくなってしまって、今子どもたちは皆英語なので、年寄りと会話することがむずかしくなってきてしまっています。言葉がなくなるというのはとても大変なことで、僕らが日本にいて日本語がなくなってしまうということは考えられないことですけれども、言語を失くすことは実はそんなにむずかしいことではなくて、子どもに喋ることを禁じるとやっぱり伝わっていかない。彼らの文化がすごく危機的な状況にあるのは、一つは独自の言語がなくなってきていることが大きいと思います。

アラスカではほとんどが道路のない地域なので、飛行機が本当に重要な交通手段で、人や物資を運ぶためのセスナを運転するブッシュパイロットと呼ばれる職業があります。アラスカは本当に飛行機がタクシーの代わりみたいな感覚があって、新聞を見ると、「売ります買います」という欄には、電化製品や車に混じって、飛行機が載っていたりするんです。それほど暮らしの中に飛行機が入っていて、すごく高い車を買うよりも飛行機を買う方が値段的に安いかもしれないですね。

僕は毎年春になるとカリブーの撮影に出かけます。北極圏の北極海に近いところでキャンプをしながら、南から渡ってくるカリブーの季節移動を待つんですね。五月の終わり頃になると雪解けが始まっていて、一週間から十日の間にどんどん地面が出てきます。その頃に南から渡り鳥が渡ってきて、二週間以内の間にまったく違う風景になっていきます。アラスカの自然はどちらかというと地味な自然で、例えば夏でも見渡して動物が全然見当たらなかったりします。でも、必ずどこかで生命が息づいているというか、ときどきふとクマやオオカミが通っていったりして、とても風景が引き締まるというか、一見何もいないようでちゃんと生命が息づいている、そういう自然なんですね。南の自然だと花が咲き乱れていて、動物、鳥がたくさんいてという自然かもしれないんですが、アラスカの場合は逆で、ただ何もないような場所にポツンとクマが歩いていたりすると、「ああ、これがアラスカの自然だな」と思います。

カリブーといっても皆さんはピンと来ないかもしれませんが、トナカイと同じ仲間で、アラスカ北極圏に生息しています。何十万頭という大きな群れを作ってとても壮大な旅をする動物です。そういう大規模な移動をする陸上の哺乳類ではヌーという動物がいるんですけれども、これに匹敵する壮大な旅を繰り広げるんですね。でも、それほど壮大な旅をする動物がアラスカに暮らしているにもかかわらず、アラスカにいる人もほとんどカリブーの季節移動を見ることができないんですね。

あるとき、何十万頭というカリブーの大群を見たことがあるんですが、その場所はツンドラだから地平全部が見渡せるんですね。すると最初、地平線からカリブーがぽつぽつと現れて、十頭くらいの群れかなと思っていたら、どんどん地平線からカリブーが出てきて、しまいには地平線が真っ黒になるくらいにカリブーで埋まってしまったんです。その大群がまっすぐ僕のベースキャンプに向かってきて、おそらく二、三十万頭のカリブーの群れがキャンプを取り囲むようにして、何時間もかけて通りすぎていきました。それでまた反対側の地平線へ消えていったんです。そういうアラスカの動と静の自然というか、五月くらいまでは何も生命の気配がなかったツンドラに春が来ると同時に、南からたくさんの渡り鳥が渡ってきて、それで餌をあげて雛を育てて、八月には帰ってい く。またまったく、鳥の気配のない世界になってしまう。静と動というか、そういう自然の移り変わりがアラスカに魅かれる部分なんですね。

春が来ると、ブラックベアーも冬眠から覚めてきます。

もう六、七年前なんですけれども、北極圏の山の中で僕の友人であるエスキモーの若者が「クマがそろそろ巣穴から出てくるから見に行こう」と言うんですね。本当にそんなものが見られるのかなと半信半疑だったんですけれども、とにかく二人で巣穴の近くに行ったんです。そして一日中少し離れた雪の上で待っていたんですけど、やっぱりクマなんか出てこなくて、それでその次の日も出てこなかったので、クマが穴から出てくるところなんて見れるはずがないとだんだん思い始めて、それでもまた三日目も来て待っていたんですね。ポカポカとした本当に暖かい日だったので、そのうちなんとなく眠くなってしまって、雪の上で二人で寝てしまったんですね。で、一時間くらい経ってふと起きてみると、雪の表面から黒い耳が二つ覗いているんですね。それでもうびっくりして「出てきた！」と友人を起こしたんです。本当に感動して、春が来るとはこういうことを言うんだなと思いました。

アラスカにはクマがまだまだたくさんいて、その数は昔と変わっていないのではないかと思うくらいです。それで、やっぱりキャンプをしているとなんとなくクマのことは心配なんですね。四月頃のキャンプになると、もうクマが冬眠から覚めているので気をつけなければならないんです。夏のキャンプと冬のキャンプで何が違うかというと、やはりクマに神経を使うということです。冬のキャンプは、気温が下がっていますからとても厳しいんですが、気持ちはのびのびとしているんですね。それはクマが寝ているという安心感なんです。その気持ちは、向こうでキャンプしていないとなかなか実感できないと思いますが、夏になるとどんなに気持ちよくてもどこかで「クマがいる」という気持ちがあって、なんとなく寝ているときでもどこか引っかかっている。クマの姿は実際に見えなくても、気配を感じるんですね。でも、よくよく考えてみるとそれは実に贅沢な自然だという気もするんです。もしアラスカにクマがいなかったら、夏のキャンプでも本当にゆっくりできて、何の心配もなく夜眠れるわけですが、それはすごくつまらない自然だろうと思うんですね。自然の中で感じる緊張感というのはとても大切で、贅沢なものだと僕は思います。

アラスカというと北極圏のイメージが強いんですけれども、南東アラスカは深い森と氷河に囲まれた世界で、素晴らしく美しい土地なんですね。

南東アラスカでクジラを追っているときは小さな船でずっと旅をするんですけども、天気が悪くなるとすぐ近くの入り江に逃げ込みます。入り江は無数にあって、誰も人が入ったことのないような静かな入り江なんです。そういう入り江に入っていくと、滝が流れていたり、ハクトウワシが飛び交っていたり、浜辺にシカが出てきたりして、そんな素晴らしい自然なのに誰も人がいない。そういう自然の懐の深さをいつも感じます。

アラスカには氷河がたくさんあって、氷河というとアラスカの北の方に広がっているというイメージが強いと思うんですが、実は南東アラスカにも広大な氷河地帯があります。

氷河の海をカヤックで行くときは、とても注意して行かなくてはいけません。海が本当に冷たくて、カヤックから落ちると十分か二十分で助からなくなってしまうからなんですが、そういう状況にちょっとした不思議な思い出が一つあります。氷河が崩れた流氷の中に入っていったときに、どこからか気持ちのよい音が本当に交響曲のように聞こえてきたんですね。プシュプシュという音なんですけれども、それは氷河が水になっていくときにだんだん氷河の中にある気泡が空気中に出てきたときの音でした。それが無数の氷塊から出てくるので、一つひとつは静かな音なんですが、周囲で無数にその音がしていて、その音に包まれているような感じでとても不思議な経験だったんです。こういうところでキャンプをしていると水がなかなかないので、氷河の氷を溶かして水にします。雪山で水を作るときもやっぱり、雪を溶かして水を作るんですけども、鍋にどれほど雪をびっしり詰め込んでもできる水は本当にわずかなんです。でも、氷河の氷を鍋に入れて溶かすと、氷とほとんど同じ体積の水ができるんですね。それだけ氷河の氷は押しつぶされて密度の高い氷なんです。はるか昔に雪が降り積もって、それがやがて圧縮されて氷河になって、そしてまた海に帰っていく最後のステージなので、そういう水を飲んでいるといつも不思議な感じがします。

夏になると、南東アラスカにザトウクジラがやってきます。

ザトウクジラはハワイからやってくるんですね。ザトウクジラは冬の間ハワイで過ごすんですが、それは出産や子育てを暖かい海でするためなんですね。ハワイの海は透明で人間にとってはとてもきれいな海のような気がしますけれども、ザトウクジラにとっては不毛の海で、プランクトンもいないし、つまり食べるものが何もないんです。そうすると出産にはとてもいい場所なんですけども、採食には適していない海なので、夏になるとアラスカの海にやってくるんです。アラスカの海はハワイの逆で、非常に透明度がない、暗い海なんですね。でも、不透明だから汚い海かというとそうではなくて、ものすごく豊かな海なんです。だから、海の水をバケツで汲んでみるとよく分かりますが、その中にプランクトンがいっぱいいる。それだけ豊かな海というか、プランクトンのジュースみたいな海です。それを食べるためにザトウクジラはアラスカにやってきます。

それで、ザトウクジラはとても不思議な採食行動をするんですね。皆さんもテレビで見たことがあるかもしれませんが、バブルネットフィーディングといって、ニシンの群れの下でクジラがあぶくを出しながら、ぐるぐる回るんです。すると、そのあぶくが海中で壁になって、その中にニシンが閉じ込められてしまうんですね。ニシンは壁を破るのが恐いのでどんどん海面に逃げてきて、そこをクジラが大きな口を開けて一気に食べてしまうという、非常に不思議な採食行動です。

ザトウクジラはだいたい三頭から五～六頭くらいでこの採食行動をします。最初にこの採食行動をどうやって見つけるかというと、まずクジラの群れを見つけて、クジラはずっとニシンの群れを追っているんですが、そのうち一斉に海中に沈むんですね。それからしばらく海面には出てこないんです。するとしばらく経って、海面にあぶくの大きな輪ができるんですね。直径十五メートルくらいの大きな輪ができるんですけれども、それをボートから見つけなければいけない。そのあぶくが出てきた十五秒から二十秒後くらいにクジラが大きな口を開けながらロケットのように飛び上がってきます。それを待つわけなんですが、その時、エンジンを止めて静かに待っていなくてはいけないんです。

あるとき、五、六頭の群れだったと思うんですが、クジラがニシンの群れを追っているときに歌が聴こえてくるんですね。水中マイクがあるとそれがよく聴こえるんですけれども、水中マイクがなくても、よく耳を澄ましていると海中からクジラの歌が聴こえてくる。それが何を意味しているかはよく分からないんですけれども、ニシンの群れを追っているグループの一つのシグナルなのかもしれません。その歌を聴いていたら、突然あぶくの大きな輪が僕らのボートをグルッと取り囲むように出てきたんです。僕らはびっくりしてしまって、しかもエンジンを切って待っていたので、エンジンをかけるにももう遅いし、どうしていいか分からなくて一緒に行った仲間と顔を見合わせました。そしてボートの上から見ると、海の中からクジラが一直線に上がってくるのが見えるんですね。ところがもう海面に出るという最後の瞬間に、クジラは僕らのボートから遠ざかって、少し離れたところから息を吐いて出てきたんです。僕らはそのとき、クジラの採食行動を邪魔してしまったわけなんですけれども、とても感動したというか、そういう最後の最後の瞬間でクジラの群れが一斉にその採食行動をやめることができるというのは、とても不思議だと思いました。

カリブーの群れは夏になるとアラスカの内陸部を移動します。そこには内陸エスキモーやインディアンがいて、彼らのほとんどがカリブーの季節移動に沿って村を作ってきたんですね。それほど北極圏の人たちとカリブーの関わりは深くて、もしカリブーがいなかったら内陸エスキモーやインディアンの人たちの暮らしが成り立たないんですね。また、夏にはとてもたくさん蚊が出るんですね。人間だけではなく、カリブーもすごく蚊に苦しめられる。カリブーの春の季節移動が始まるのがだいたい三月の終わり頃なんですが、彼らは一年間に四〇〇〇キロ近い旅をしますから、そういう長い旅を終えて北極圏に入ってきて、それで、まったく力がないときに出産をして、非常にエネルギーが不足している時期なんです。ですから、たくさんのものを食べなくてはいけないんですね。ところが、ちょうどこの時期に蚊が発生するので、落ち着いて食べられなくてとても苦しめられる。それで、カリブーは蚊から逃げようとするんですが、蚊がいないのは風がある場所と気温が低い場所なので、カリブーは山の稜線か残雪の上に逃げるんです。

夏になってサケがアラスカに上ってくるときは、アラスカは本当に豊かな自然だなと思います。アラスカというと、寒くて厳しい土地のような気がしますけど、同時に非常に豊かな自然でもあるんです。川に行くと、両岸にわたってもう全部サケで埋まってしまうんですね。あんまりたくさんいるので、いちばん川べりのサケが押し出されて砂浜に上がってきてしまう。もう手摑みでも獲れてしまうんです。そういう川が無数にアラスカにはあって、アラスカのインディアン言葉でサケが森を作るという諺があって、どういうことかというと、アラスカの川に無数のサケが上ってきて、産卵を終えるとまた、死んだサケが川に流されながら森の土壌に少しずつ栄養を与えていく……という意味だと思います。本当にそういう諺が納得できるような風景なんですね。

だいたい六月の最初にサケの第一陣がやってくるんですが、新聞にサケの第一陣がくるというニュースが大抵毎年載ります。そうすると、皆仕事を休んでもサケを獲りに出かけてしまうんですね。そして一年分のサケを確保します。アラスカではサケを自分たちで獲りに行くので、お金を出して買うという感覚を誰も持っていないんです。それはエスキモーやインディアンの人たちだけではなくて、白人の生活でもやっぱりサケは非常に大きな位置を占めています。僕も一年分のサケを獲るとなんとなくホッとした気分になって、そういう自然の豊かさを特にサケを見ていると感じるんですね。

それは人間以外の野生動物も同じで、この時期になるとクマがサケを獲りやすい場所に集まってくるんです。クマは普段はそれぞれ単体で暮らしている動物ですが、この時期は狭い範囲で何頭ものクマがお互いを牽制しながらサケを食べてひと夏を過ごします。

サケがたくさんいるときは、クマはおいしい部分、つまり頭と卵しか食べないんですね。日本人だと感覚としていちばん魚のおいしいところは頭と卵だと皆分かっていると思うんですが、アメリカ人は今一つ魚の食べ方がよく分かっていないので、僕はよくアラスカの友人にも君たちは全然魚の食べ方が分かっていないと言います。クマの方がよほど分かっている。本当にクマもサケのいちばんおいしいところが分かっていて、それであるときにちょっと不思議な光景を見たんですね。サケを獲ったクマが、しばらくサケを手で持ちながら、じっと見て、ふと放してしまったんですね。そのサケは逃げてしまって、それでまた他のサケをつかまえて、じっと見てまた放してしまう。何をやっているのかと思って、友人のクマの研究者に一度訊いてみたら、きっとそれは雌と雄を匂いで嗅ぎ分けてるんじゃないかと。つまり、雌を食べて雄を逃がしているんじゃないかとその友人は言っていました。

またあるときに二頭の母グマが現れて、一頭の母グマが三頭の子グマ、もう一頭の母グマは一頭の子グマを連れてきて、川に入ってサケを獲っていたんですね。それで、子グマは岸に残されますから、三頭の子グマと一頭の子グマがずいぶん離れて母グマがサケを獲っているのをずっと見ていたんですけれども、だんだん子グマ同士がお互いに興味を持ち出して、三頭の子グマと一頭の子グマがだんだん近づいていったんです。それで、最後はお互いに一緒になってしまった。すると、三頭の母グマの方が慌てて帰ってきて、僕はもう一頭の子グマは殺されるのかと思って見ていたら、慌ててもう一頭の母グマが戻ってきて、一瞬緊張した状況になったんですが、結局何もなくお互いにちょっと牽制しながら別れていったんです。そういうふうに二つの家族が別れていくときに、自分の母親ではない方に子グマがついていってしまうことがあるらしいんですね。そうすると、クマというのは不思議な動物で、自分の子どもではなくても育ててしまう場合が多いんですね。アラスカで僕は何度も四頭の子グマを連れているクマを見たことがあるんですけれども、おそらく一頭は自分の子グマではないんじゃないかと思います。そういう習性をクマは持っています。

九月の初め頃になるとアラスカは紅葉に包まれます。山間は黄色い紅葉ですけれども、ツンドラはいろんな灌木が集まってできているので、それぞれ紅葉の時期が微妙にずれて、いろんな赤が出てくるんですね。だからキルトのような美しい世界になるんです。北極圏ではカリブーが秋の季節移動を始めます。そしてツンドラが紅葉する時期になると、カリブーもムースも角の成長が止まるんですね。どちらもシカですから角は毎年落ちるんですが、春から生え始めて、秋までに信じられないくらい大きくなります。

だいたい十月の初めくらいになると、雄のムースが繁殖期の雌を勝ち取るためのすさまじい闘争を繰り広げます。ムースはカリブーと違って、群れを作らずにアラスカ中に分布していて、フェアバンクスの自分の家にも出てくることがあります。ムースの肉はとても美味しいんですね。アラスカではエスキモーやインディアンの人たちだけではなく、白人の人たちの暮らしの中でも狩猟が密接に生活に入っています。特にムースは誰もが大好きな肉で、アラスカで「今日の夕飯は肉にしようか」と言うと、ムースの肉を指していることが多いんですね。ムースは、ちゃんと自分たちで許可を取って自分たちの力で獲らなくてはいけないんです。店でムースの肉を買うことはできないんですが、僕も牛肉とムースの肉を出されたら、ムースの肉の方を取ります。それほど美味しくて、やっぱり野生味がある。ムースは世界最大のシカなので、一頭獲ると最低一年間は肉をまったく買わないで過ごせるんですね。だからアラスカでは大きな冷凍庫を買わなくてはいけません。そうしないと肉が入りきらない。アラスカに暮らしていると、魚はサケ、肉はムースがあって、そういう面ではすごく豊かな自然の恵みを感じます。

　また、この時期になるとツンドラが埋まってしまうほどの木の実がなります。僕らが採るのはブルーベリーやクランベリーなんですが、この時期、町のスーパーマーケットに行くと、ジャムの空瓶が、一ダース詰めのパッケージでずらっと積み上げられます。アラスカには土産の果物がないので、皆この時期にブルーベリーやクランベリーのジャムを自分たちで作るんですね。木の実を一年間分くらい家族総出で集めて、ジャムにしたり、冷凍にしたりして大切に保存します。この時期クマも一生懸命いろんな実を食べているんですけれども、よく皆が木の実を摘みにいくときに、「摘んでいるときにクマと頭を鉢合わせしないように」と冗談で言うんです。でもそれは冗談ではなくて、実を摘んでいるときはもう本当に周りが目に入らないんですね。あたり一面が本当にブルーベリーだらけなので、そのことで一生懸命になって、周りを見ないままどんどん山を歩いていて、やはりクマも同じように、周りを見ないで木の実を食べているんですね。

山を歩いていてクマと出合うことは時々あるんですが、やっぱり出合い頭はちょっと気をつけなくてはいけません。でも、クマは人間をそれほど襲いたいわけではなくて、その出合ったときに人間が恐くて襲ってしまうというケースが多いんですね。アラスカにアメリカ人が来ると、クマはどうしたらいいかとよく訊かれるんですが、僕はいつも「恐がりすぎないように、でも少し気をつけるように」と答えます。皆、クマを恐がりすぎてしまって、それはそれでちょっと危険な部分もあるんですね。例えば、出合ったときに走って逃げてしまったり、恐いと思って驚くと、やっぱりクマも緊張して襲ってくることもあるかもしれないんですね。ただ逆に、全然気にしないのもやっぱりよくないので、どこかでクマのことを考えながら、歩いたり、キャンプ生活をしなくてはいけないんです。

例えば、シロクマはアラスカの北極海沿岸に行かないと見られないんですが、よくシロクマは動物の中で一番獰猛だと言われます。でも、もしかしたらそうではないのかもしれないと僕は思っています。シロクマは食料の九〇パーセント以上がアザラシなので、一年中アザラシを探しているんですね。僕らは、普段の生活ではシロクマなんかには出合いませんから、シロクマの話というのは昔のエスキモーや北極の探検隊がシロクマに出合ったときの話を聞くことが多いんです。よく聞くのはだいたい人間を恐れないで近づいてくるという話なんですけど、それはシロクマが獰猛だという話ではなくて、エスキモーも探検隊もアザラシの油を食料に使っていたので、その強烈な匂いに惹かれてシロクマが彼らのキャンプに近づいていったのではないかと思うんです。

よく日本の方に「アラスカにいつ行ったらいいか」と訊かれるんですけれども、僕はそれぞれの季節が好きで、でも最初に来るとしたらやっぱり秋がいいと思います。八月の終わりから九月にかけて、秋のピークなんですけれども、その頃は本当に紅葉がきれいで、蚊の心配もしなくていい。本当に素晴らしい時期なんですね。

そして、秋になるとオーロラが出始めるんです。オーロラというと冬に見えるものというイメージがあると思うんですけれども、実際にはオーロラは一年中出ているんですね。どうして夏に見えないかというと、アラスカは夏の間は夜が暗くならないので、星も見えないんです。でも八月の半ばも過ぎるとだんだん夜が暗くなってきて、星が見え始めると同時にオーロラも見え始めるんです。街の中でオーロラを見ているときはいいんですけど、山の中で一人で見ると、美しいというより恐さを感じるんですね。僕らはある程度オーロラがどういうものか分かっていて、ちゃんと本を読めばどうやってオーロラが出るかが書いてある。オーロラの知識を持っているから見たときにきれいだなと思うけれども、ほんの百年くらい前、アメリカの文化が何も入っていない時代のエスキモーやインディアンの人たちから見ると、オーロラは夜空に突然出てきて天空をかけめぐる生き物のように思えたんじゃないか。本当に美しいと思うと同時に、それは畏れの対象だったんじゃないかと思うんですよね。アラスカのエスキモーの人たちの民話を読んでも、やっぱりオーロラはすごく不吉なものとして扱われていて、例えばオーロラがすっと降りてきて子どもをさらっていくとか、そういう不吉なものとして扱われているんですね。自然の中では、オーロラの光をあたりの雪が反射して、まるで昼間のような明るさになってしまうんですね。そういう中に一人でいると、ものすごく恐さを感じます。

もうずいぶん昔、エスキモーのおばあさんと一緒に山にエスキモーポテトを採りに行ったことがあります。エスキモーポテトは植物の小さな根なんですけれども、それを彼らは好んで食べるんですね。ポテトといっても普通のポテトではなくて、本当に小さな根なんですけれども、生で食べても、煮て食べても美味しくて、この時期にエスキモーの人たちが集めに行くんですね。それで、そのおばあさんが探しているのが、植物の根ではなくてネズミの穴だったんです。ツンドラを歩きながらネズミの穴を探して、掘ってみるとネズミが冬のための食料としてエスキモーポテトを蓄えていたんです。おばあさんはそれを全部は取らないで、半分だけ取って、代わりにドライフィッシュという魚の干物を穴に入れて、もう一回土のフタをしたんですね。どうしてそんなことをするのかと訊いたら、「ネズミの食べ物を取るのだから、その分何かを返さなくてはいけない」と。そういう感覚がこの世代の人たちには根強く残っていることにとても感動しました。

アラスカの自然をこれまで撮影をしてきて感じるのは、例えば北極圏でカリブーの季節移動を撮影をしているときに、自分がもう少し早く生まれていれば良かったなということなんですね。そういう思いがいつもあった。だんだん時代が変わって、いろんなものが変わっていく。エスキモーの暮らしもそうだし、インディアンの生活も少しずつ変わっていく。ところがよく考えてみると、カリブーの壮大な旅は今でもアラスカで繰り広げられていて、そういう自然を自分が見ることができる、それをまだ見ることができる幸運さをいつも感じるんですね。それで、そういう写真を撮って発表することにどんな意味があるのかと考えます。

アラスカはまだ自然がたくさん残っていますが、世界中の他の地域と同じように開発と保護という問題がすごく大きなものとしてあるわけですね。例えば北極圏にはものすごい埋蔵量の油田がある。そうすると、油田開発にいくか、それともカリブーやオオカミのいるまったく手つかずの自然を保護するかという問題が出てきます。開発する側の戦法というのは、そんなアラスカの北極圏の自然なんて誰も行けないじゃないか。人が行けないところを守ってどうするんだという言い方をする。たしかにアラスカに住んでいる九九パーセント以上の人は、カリブーの季節移動を見ることなく一生を終えるんですね。そう考えると、開発しようという側の言葉に説得力があるようにも思えるんですけれども。

でも、僕は人間にとって大切な自然は二つあるような気がして、一つは身近な自然だと思うんです。それは生活のそばにある小さな森や川であったり、自分たちが暮らしている日々の暮らしの中で毎日変わっていく自然の大切さがある。そしてもう一つは遠い自然というものがあるような気がするんですね。日々の暮らしの中では関わらないけれども、どこかにそれがあるということでホッとする、そういう自然です。油田開発の問題はとてもむずかしい問題だと思いますけれども、なんとか自然を守って欲しいという気持ちがやっぱりあって、それは、例えばカリブーの季節移動がなくなって、オオカミもいなくなっても、アラスカの人の暮らしは何も変わらないんですね。まして日本にいる人の暮らしにとってはもっと関係ないことなわけです。でも、何かやっぱり欠落していく部分があると思うんです。それは、僕らが想像する世界の問題で、自分がそこに行かなくてもそこに何かがあるということで、すごく気持ちがほっとしたり、いろんな想像ができる。そういう自然の大切さがあると思います。それがなくなることで、どこかやっぱり貧しくなっていくというか、自分たちの想像力が狭まってくる。つまりオオカミがもし一頭もこの世界にいなかったら、僕らは生きているオオカミを想像することができない。でも見ることはできなくても残っていれば、自分の中で想像できる。そういう世界がきっとあるような気がするんです。

だから、アラスカの自然を撮りながら、皆はここに来れないかもしれないけれども、それでもやっぱりそこにあるというだけで、自分の意識の中で広がっていく自然の大切さがあるような気がして、アラスカの写真を撮っています。

第六章

南東アラスカとザトウクジラ

1994年４月９日、第４回国際イルカクジラ会議江ノ島フォーラムにて行われた講演。講演タイトルは「南東アラスカとザトウクジラ」。

僕はこの十五年間アラスカで、野生動物を中心としたアラスカの自然を撮影していま す。自分が最初どういう形で自然というものを意識したのかと考えてみると、子どもの頃にまず遡ります。小学校の頃だったと思いますが、まだ自然とかそういうものを意識しているわけではなくて、ただ普通の子どもだった頃、映画が好きで近所の映画館で三本立てのチャンバラ映画をよく観ていた時期がありました。

ところがあるときちょっと違う映画を観たんです。「チコと鮫」という映画で南海のタヒチ島を舞台にした原住民の少年とサメの物語だったんですが、その映画が非常に印象的でした。その「チコと鮫」という映画は初めて自然を舞台に撮影されたドキュメンタリー映画だったと思うのですが、そのときの海の青さが子ども心にも非常にショックで、本当にこんな自然がこの世の中にあるのだろうかと、そういう感動を持ったのを今でも覚えています。

それから次に自然は本当に面白いと意識したのは、今振り返ってみると高校生の頃に遡ります。北海道に対する憧れがとても強くて、なぜだか分からないながらも北の自然がとても好きでした。当時北海道はすごく遠くて、いつか行ってみたいという憧れの土地だったんですね。それでいろんな北海道の話などを読んでいるうちに、北海道にいるクマが頭の中で非常に大きな比重を占めてきて、東京で学生生活を送っていて電車に乗っているときにも、ふと北海道のクマのことを考えていた時期がありました。

自分が毎日、日常を生きているときに、同じ日本でヒグマが生きているというのが非常に不思議で、考えてみれば本当に当たり前のことですが、その当時まだ十五、六歳の頃の自分にとっては、ふと何かの瞬間に、日常生活の中で北海道のクマのことが頭に浮かぶんです。自分がこうして生きているときに北海道で今、この瞬間にヒグマが山を歩いていて、もしかしたら倒木を乗り越えているんじゃないかとか、そういうことを考えると、本当につきないんですね。それは今から考えてみると、いろんなものが同じ時間を同時に生きている不思議さだったんだと思うんです。

僕はこの四〜五年にかけて南東アラスカの自然をテーマに撮っています。何年か前に南東アラスカを旅しているときに、そこは氷河と森に覆われた土地で、毎年夏になるとザトウクジラがハワイから帰ってきます。僕はその年はザトウクジラの撮影でずっと船に乗りながら撮影をしていたのですが、ちょうどそのとき友人の日本の編集者が来ていたんです。ものすごく忙しい生活をしている人で、わずか一週間でしたが休みをとって一緒にボートで旅をしました。毎日毎日ザトウクジラを探しながら南東アラスカの海を旅していたのですが、あるときザトウクジラの小さな群れに出合いまして、一日中ずっと一緒に過ごしたんです。夕暮れになっても、一頭のザトウクジラの後ろから僕らはゆっくりゆっくり船で旅をしていました。そのとき突然、そのザトウクジラが何の前触れもなく跳び上がって、本当に素晴らしいブリーチングだったのですが、跳び上がってまた海に落ちて、今までと同じように泳ぎだしました。ただそれだけのことなんですが、日本に帰国したその友人から手紙をもらいまして、彼はあの旅でよかったのはやはりザトウクジラが跳び上がったのを見れたことだと書いていました。自分が東京で忙しい生活をしているときに、ふと今この瞬間にやはりザトウクジラがアラスカの海で跳び上がっているかもしれない。そういうふうに思えることがすごく嬉しいと言うんですね。つまりザトウクジラが跳び上がる瞬間を見たことで、日常の忙しい生活の中で、アラスカの海とどこかで繋がって同じ時間を生きている、いろんなものが同じ時間を生きている不思議さに彼は感動したんだと思うんです。高校生の頃に自然というものはなんて面白いのだろうと思った、北海道のヒグマのことを考えていた自分と非常に重なる部分がありまして、その手紙を興味深く読んだのを今でも覚えています。

ちょっと話がズレてしまいましたが、今回このイルカ・クジラ会議に出るため、五日ほど前にアラスカを出てきたんですけど、アンカレッジの空港で飛行機を待っていたらポンポンと肩を叩かれたんですね。誰かなと思って振り返るとエスキモーの若者がニコニコしながら立っていた。それで、アレッ、どこかで見たことあるなと思ったら、十年ほど前に僕がポイントホープという村でクジラ漁に行ったときに出会った子だったんです。まだその頃は本当に幼い少年だったんですね。それで、十年ぶりの再会だったものですから、懐かしくていろんな話をしました。ちょうど今は四月なのでポイントホープの村ではクジラ漁の季節がそろそろ始まります。短い時間でしたが、彼とその話をして、今回のイルカ・クジラ会議に出るということとその偶然が重なって、非常に不思議な思いにとらわれました。

僕はアラスカの自然をいろいろなテーマで撮っているんですけど、クジラというものを考えたときに、いつも二つのシーンが頭の中に浮かぶんですね。一つはこの四、五年間撮っている南東アラスカの自然です。さっきも言いましたが、そこは氷河と原生林で覆われたとても美しい場所です。フィヨルドの海に無数の島が散らばっていて、ザトウクジラが採食のため毎年夏に帰ってきます。それは本当に言葉では言い表せないほど美しい世界なんですね。それが一つ、アラスカでクジラを考えたときに浮かぶ世界です。もう一つはさっき言った、エスキモーの人たちのクジラ漁のことです。そこでまず最初に、自分が初めてクジラを見た、エスキモーのクジラ漁の話をちょっとしてみたいと思います。

僕が初めてエスキモーのクジラ漁に参加したのは一九八三年です。ポイントホープという北極圏に入っている小さな村に、アラスカのエスキモーのクジラ漁の中でも伝統的なものが残っているんです。僕が初めてアラスカに行ったのは十代のときでしたが、そのときは海岸エスキモーの村に入って、その村の家族とひと夏を過ごしました。それが最初のアラスカだったものですから、自分とアラスカの関わりを考えるときにどうしてもそこに生きているアラスカの先住民の暮らしが頭から離れないんですね。それでアラスカで時間を過ごすようになってから、先住民の人たちがどんな自然観を持って生きてきたのか、どんな世界観を持って生きてきたのか、そういうことにとても興味を持つようになりました。〝先住民〟を言いかえると〝狩猟民〟ということになると思うんですが、初めてクジラ漁に行ったとき、まだクジラがやってくる前からずっと氷の上でキャンプをしているんですが、四月になるとまず最初にケワタガモというカモが南から渡ってきます。毎日毎日、クジラを待ちながら氷の上でキャンプをしていて、最初の渡り鳥がたくさん南から渡ってくると、本当に興奮するんですね。僕はケワタガモが群れになってどんどん北へ向かっていくシーンを感動して見ていたのですが、一緒にいた仲間のエスキモーの人たちはどうだったかというと、彼らはずっとそれを舌なめずりして待っていたわけですね。つまり彼らは最初の渡り鳥を食べたくて食べたくてしょうがないわけです。エスキモーが作るケワタガモのスープはダックスープといってとてもおいしいんです。氷の脇に隠れながら、頭上を越えていくケワタガモの群れをずっと見ているわけですが、エスキモーは銃を持って待っているわけですね。僕は渡り鳥のシーンを春を告げる素晴らしいシーンだと思って見ていたんですが、でも隣にいる彼らにとってはその晩の夕食のおかずなわけです。つまり、ずっとひと冬を過ごした後の最初の渡り鳥ですから、食べたくて食べたくてしょうがない。そのときに、そのシーンをいわゆるバードウォッチング的に見ている僕の気持ちと、彼らの気持ちとのギャップというのを非常に感じたんですね。ただ、その一方で、それはどこかで重なる部分があるのではないかという気もしたんです。

それを本当に感じたのは、エスキモーのクジラ漁に参加したときだったんですね。エスキモーのクジラ漁は、なかなか一緒に行くことができないんです。なぜかというと、クジラ漁というのは神聖なもので、なかなか外部の者を入れてくれない。昔は同じエスキモーの村の女性でも一緒に行くことができなかったくらい、神聖な漁なんですね。それで僕はアラスカに行ってから四年目に初めてクジラ漁に一緒に行くことができたんですけれども……彼らのクジラ漁を見たいという思いが非常に強かったんです。クジラ漁というものがどういうふうに行われるのかというと、四月から五月にかけてベーリング海から北極海にかけて、氷が少しずつ潮流や風の関係で緩み始める。そこにリードという小さな海が現れます。つまり氷に開いた小さな亀裂がいろんなところにでき始めて、クジラがそのリードに沿って上ってくるわけです。ですからエスキモーはそのリードに沿ってクジラ漁のキャンプを張るんですね。僕が行ったポイントホープには全部で十五艘くらいのウミアックがあります。ウミアックというのはだいたい六、七頭くらいのアゴヒゲアザラシの皮を剝いで作る昔ながらのスキンボートで、それを漕いでクジラを追うわけです。ウミアックを持っている者が村の長老で、その下で若者たちが一緒に働いてクジラを追う。

クジラ漁においてはリードというものが非常に大切な役割を果たします。つまりその小さな海がなければ、彼らはクジラを獲ることができない。例えば、リードがとても大きすぎてしまうと、彼らはウミアックを手で漕いでクジラを追うので、クジラを追い切ることができない。逆にリードが小さすぎると、銛を打ってもクジラは氷の下に逃げてしまうかもしれない。だから彼らは、ひたすらクジラ漁に適するリードが開くのをじっと待つんですね。僕が行った年は、クジラ漁に適するリードがなかなか開かなかったんです。彼らは四月の初めくらいから村を離れて、リードに沿ってキャンプを張ります。十五のキャンプがリードに沿ってだいたい一五〇メートルくらいの間隔で並ぶんですね。それで、リードが開くまでとにかく待つしかない。リードに沿って大きな氷山がたくさんあるんですが、大きな氷山の上からだとちょうど見晴らしがいいので、クジラが遠くから来るのを見ることができるんです。その氷山の上に人々が集まって、毎日毎日クジラを待っている生活なんですね。ところが一週間経っても二週間経っても、いいリードが開かない。遠くの海の方に、クジラが潮を吹きながらどんどん北へ向かっている姿が見えるのに、そこまで行けない。リードが小さすぎる。それで、もしかしたら今年のクジラ漁はダメなんじゃないかという、そういう不安がだんだんキャンプに広がってきたんですね。ポイントホープの村は春のクジラ漁に大きく依存している村で、クジラが一頭も獲れないというのは大変なことなんです。しかし二週間過ぎて、三週間過ぎて、クジラ漁のシーズンは終わりに近づいてくる。クジラは五月になっても六月になってもどんどん南から上がって来るんですね。ところが、五、六月になると氷そのものがなくなってしまって、広大なベーリング海と北極海が広がるだけですから、自分たちがウミアックを漕ぎながらクジラを追うのは完全に不可能になってしまうんです。つまり、氷と海との均衡の上に、エスキモーのクジラ漁というのは生かされているわけです。

僕も流氷の上で毎日毎日村の人たちと一緒にクジラを待っていたわけですが、それは僕にとっては非常に面白かった経験で、彼らといろんな話をしながら毎日を過ごしました。

特に面白かったのは、若者が年寄りとよく話すことです。若者たちはクジラがどこからやって来てどこへ向かっているのかというようなことを何も知らないんですね。それで、年寄りの中でとても仲良くなったおばあさんがいました。マイラという名前なんですが、彼女とはとても気が合って毎日一緒に過ごしていたんです。マイラはとにかく早く若者たちにクジラを獲ってほしい、マクタックを食べたい、食べたいと毎日言っているわけですね。マクタックというのはクジラの表皮にあたる部分で、彼らが一番好きな、デリカシーのある部分なんですね。それでマイラはそのとき、七十代中頃だったんですが、本当に昔の、エスキモーがエスキモーであった世代の人なんですね。マイラと毎日話していると、彼女がだんだん沈んでくるのが分かるんです。つまりクジラ漁のシーズンが終わりになってしまうのにまだ一頭も獲れていない、そういう不安があって元気がなくなっていく。ところがあるとき、一人の若者が伝令を持って走ってきたんですね。クジラが獲れたと。村のあるクルーが遠い所でクジラを獲ったという伝令を持って走ってきたんです。そのニュースが伝わったとき、キャンプは騒然となりまして、もう皆が皆、ウミアックに乗って海に出かけていくんですね。どこかのクルーがクジラを獲っても、そのクルーがウミアックを漕いで一頭のホッキョククジラ、いわゆるセミクジラを引いて帰ってくることはできないんです。ですから誰かがクジラを獲ると、他のクルーがウミアックに乗ってわれ先にその場に駆けつけるわけです。クジラの肉は誰が獲っても村人全員に分けられるんですが、どこの部分を分けてもらえるかは着いた順番によって決まってきます。皆早く行って、一番おいしいところを食べたいので、われ先にそのキャンプのウミアックが全部出てしまうんですね。僕はそのとき本当に興奮してしまいまして、とにかくしばらくしたら、皆がクジラを引いて漕いで帰ってくる、写真を撮りたいと思って、自分のキャンプに走って戻ったんです。ところが、走りながら涙が出て涙が出てしょうがないんです。なぜこんなに泣けてくるのかと思ったのですが、ほんのわずか数週間ですけれども、彼らと一緒にクジラを待った思いがどこかで重なっていて、マイラの気持ちとか、そういうものが一緒になって、走りながら涙が止まらなかったたんですね。それで自分のキャンプに戻ってカメラを持って、流氷に戻ったら、皆がもう海に出ていってしまっていたんです。そうしたらどこかから歌が聴こえてきたんですね。一体誰が歌っているんだろう、と周りを見渡しても誰もいないんです。で、ふと大きな流氷の上を見たら、マイラが海に向かって本当に静かな抑揚で歌いながら踊っていたんです。周りは誰一人いないのに、海に向かって踊っていて、僕が近づいていってもマイラはもう僕の存在なんか忘れているわけです。一人で恍惚状態になって涙を流して海に向かって踊っている。それが今でも自分が十五年間アラスカにいた中でやはりいちばん強く印象に残っている場面なんですね。自分がアラスカでクジラのことを考えたときに、今でもまず最初に浮かぶシーンです。

しばらくしてから、十五艘のウミアックが向こうの方からずっと向かってきました。ウミアックの脇をオールで叩きながら、セイウチの鳴き声を真似た発声をしていたんですけど、皆が興奮状態なんです。クジラがいちばん後ろに引かれて帰ってきて、村人全員で氷上に持ち上げて、それで解体が始まりますね。僕はほんの一時間前まで北極の海を泳いでいたクジラが今、眼の前の氷の上に乗っかっているということがすごく不思議で、クジラの身体をベタベタ叩いたり撫ぜたりして、ものすごく感動していました。それでこれから解体が始まるのかと思っていたら、村人が皆クジラの周りに集まって、村の長老がリードしてお祈りが始まったんですね。そのお祈りが終わった後、クジラの解体が始まったんです。

そのクジラの解体を見ているときに、僕は一頭のクジラがこういうふうに解体されていくのかと興味深く見ていたんです。その解体の仕方というのは昔から決まっていて、それは年寄りの指示がないと若者はうまくできないんですね。解体をするのは、クジラを射止めた若者のクルーがクジラの上に乗っかって解体をしていくわけですけど、周りに必ず年寄りがいて指示を出している。そのとき、強く思ったのは、アラスカのエスキモーの暮らし、精神世界というものが非常に大きく変わりつつあって、彼らが自信をなくしつつあるということです。自分たちのアイデンティティを失いつつあって非常に不安な過渡期を過ごしている。ところがそのときのクジラ漁で見た若者の顔は本当に輝いていたんですね。これが本当に同じ、自分が今まで見ていたエスキモーの若者だろうかと思うくらい輝いている。そして年寄りが非常に力を持っていて、若者は年寄りの知恵がなければクジラを解体していくことができない。年寄りに対してああいう尊厳を持てる社会はとても健康的だなという気持ちをそのとき持ったんです。それで徐々にクジラが解体されて小さくなっていって、その肉は村人全員で分けるわけですけれども、最後にクジラの頭骨、とても大きな顎骨が残るんですね。それをどうするのかと思っていたら、皆がその周りに集まって海に向かって押し始めたんですね。最初僕は皆が何をやろうとしているのか分からなかったんですが、皆が少しずつ顎骨をリードの方に押していって、最後に一斉に押してそれが海に落ちる。その落ちた瞬間、来年もまた戻ってこい、ということを皆、一斉に叫ぶんですね。そのときにエスキモーのクジラ漁というものを、初めて少し理解した気がしました。

エスキモーの考え方、精神世界というものはだんだん消えつつありますけど、一つはイヌアという考えが精神世界の中で非常に大きな意味を占めています。イヌアというのは、あらゆる生物や、山とか川とか流氷などの無生物も含めて、すべてのものに人間が住んでいる。つまり万物が人間のように生きているという考え方があります。もう一つは霊魂の世界です。死んだ人間の名前が新しく生まれた赤ん坊に名付けられるまでは、その人の霊魂はその肉体から離れないとか、クマを撃ったときにクマの頭骨は必ず山に向けて残していくとその同じクマの魂がいつか肉を付けて戻ってくるというような考え方ですね。もう一つはシラという考え方で、災害や病気など人間の手に負えない超自然の世界を支配している神の存在を指します。このイヌアとシラと霊魂が昔から彼らの精神世界を支えている。近代の関わりの中でそういう考え方は急速に消えつつあるんですけれども、このクジラ漁で僕はそのことを非常に強く感じたというか、クジラ漁が彼らの精神世界の最後の砦なのかな、という印象を持ちました。

南東アラスカの自然は非常に美しい自然です。僕はアラスカに行ってから最初の十年間、いつも北極圏ばかりに眼を向けていて、南のアラスカの自然にほとんど眼を向けなかったんですね。ところが五年ほど前に、南東アラスカの自然を初めて見てから、南東アラスカの自然にとても魅かれています。アラスカの地図が手許にないので非常に分かりにくいかと思いますが、南東アラスカはアラスカからカナダ、ブリティッシュコロンビアの方に向けて、ちょうど鍋の把手のような形で下に伸びている地域です。とても雨の多い地域で年間四〇〇〇ミリを超えます。日本海流が流れていまして、それが海岸沿いの氷山に当たってたくさんの雨や雪を降らせるんですね。原生林と氷河に埋まっていて、道路もほとんどない世界です。海の方はというと、たくさんの島がフィヨルドのような形で無数に散らばっていて、入り江が深かったり、その奥には必ず氷河があったりしてとても幻想的な世界です。そして毎年夏になると必ずザトウクジラがやってきます。僕が最初にこの南東アラスカを撮影し始めたのはクジラが目的ではなくて、この森をテーマに撮っていきたいと思ったんですね。おそらく南東アラスカの原生林はアメリカの中でもいちばん大きな、まったく手つかずに残された広がりを持っています。

海辺の原生林は、森のステージとしては最後の森なんですね。つまり氷河が後退して、最初の原始的な植物が現れて、次の植物が現れて森ができて、トウヒの森からツガの森に変わって、南東アラスカの森はすでに最後のステージにあります。つまりこれ以上、森は変わっていけない。英語だとオールド・グロウス・フォレストと言うんですが、苔むしたとても不思議な世界です。

　撮影をスタートしたのはもう五年くらい前ですが、あるときこんなことがありました。写真を撮りながら、森の中を一人で歩いていたら、突然、変な音がしたんですね。シュー、シューという呼吸音が聴こえてきたんです。何の音だろうと思って、確かめようとしてその呼吸音がする方向に歩いていったんですね。そうしたら歩いていくうちに海岸線に出てしまって、ちょうど二頭のザトウクジラが通りすぎていくところだったんです。そのときの自分の気持ちはうまく説明できないんですけど、とても静かだったんですね。海岸線には流氷が打ち上げられていた。遠くに氷河の山が見えます。それで自分の目の前をザトウクジラが本当に静かに呼吸しながら通りすぎていく。そのときに、すごく不思議な気持ちがしたんですね。つまり氷河やクジラや森が、何か一つのもので繫がっているような気がしたんです。

　それから何日か経った後、またちょっと不思議な経験をしました。夕暮れ時、本当に凪いだ満月の晩で、それまで海は荒れていたんですけど、その日やっとガラスのように凪ぎまして、僕たちは船を下りて、小さなゴムボートで海に出ました。そのとき、おそらく二十頭近いザトウクジラが、バラバラにいろんなところにいて、僕たちを囲むようにゆっくりゆっくり泳ぎながら呼吸をしていたんです。僕たちはボートのエンジンを切ってずっと漂っていました。「水の惑星」という言葉がありますけど、本当にそうとしか言いようがない気持ちでした。つまりさっきも言いましたが、そこはちょっと前までは、氷河に覆われていた海だったわけです。ちょっと前と言っても、それは数百年前のお話になりますが、つまり氷河が徐々に後退していって、そこに陸が現れ、そこにまた海が戻ってきて、クジラが戻ってきて、クジラや森や氷河が本当に一つのもので結ばれていて、一つひとつとても分かち難い世界のような、そういう不思議な気持ちになったんです。そのときに、この土地でやるべきテーマが少しずつ分かりかけてきて、つまり〝時間〟というものをテーマに写真を撮っていけないだろうか、南東アラスカの自然を舞台に、本当に遠い長い時間をテーマに写真を撮っていけないだろうか、そんなふうに思いました。

生物は気が遠くなるくらいの時間を経てここにあるわけですが、毎年そこに戻ってくるザトウクジラと氷河と原生林、この三つをテーマにそのことをとても分かりやすく表現できるんじゃないか、そう思ったわけです。それが今、僕が南東アラスカで撮影をしている一つの大きなテーマなんですが、そういう長い時間ということを考えたときに、では人間の持っている時間はどういうものなんだろうか、ということも考え始めました。歴史というものは、とても遠いときに起こったことではなくて、やはりずっと続いているということだと僕は思うんですね。ですから僕は人間の歴史を自分なりに頭の中で考えようとするとき、人間の一生を基準にしたスケールで歴史を見る癖がついてるんですね。つまり例えば弥生時代を考えたときに、それが千八百年とか二千年前の遠い昔の出来事のように僕たちは思ってしまいますよね。歴史の一つの出来事を、今とはまったく関係ない知識として見てしまうと思うのですが、でもその歴史というものを、人間の一生を辿っていくことで見ていくとしたら、実はそんなに遠いことではないのではないかと思うんです。例えば弥生時代がどれくらい前かなと思うと、自分が今ここにいて、その前に親がいて、その前にまた親がいて、そういう人の一生を繋げていくことによって歴史を見ていくと、弥生時代なんていうのは人間が一列に並んだら六十人から八十人くらいが並んでいるに過ぎないのではないか。

つまりその一列に人間が並んでいる場合に、ふと自分と血が繋がっている弥生時代の人間というのは、顔の形さえきっと見えるんじゃないかというふうに思ってしまう。そういうふうに考えると、人間の歴史はとても短いような気がしてしょうがないんですね。つまり地球のスケールや歴史を考えた場合、一億年というタイムスケールはやはり手が届かない。例えば恐竜が絶滅した何千万年前というのはちょっと僕らの感覚では分からないけれども、一万年前だったら人間の歴史を遡ることで本当についこの間のことのように感じられる気がするんです。

そう考えたときに僕が思い浮かべるのはアラスカ先住民のことです。一万年前、二万年前、最後の氷河期にユーラシアとアラスカが繋がっていて、その間にベーリンジアという大きな平原が広がっていた。そこを渡ってエスキモーの人たちもインディアンの人たちもやってきたわけですが、それは遠い昔のことではなくて、ついこの間の出来事なんですよね。そんなように、南東アラスカの自然をテーマにクジラや森や氷河を考えると、そこに生きてきた人たちのことが頭に浮かぶんです。

南東アラスカに生きていた人たちとして、ハイダ族とクリンギット族というインディアンがいます。いわゆるトーテムポールを築き上げた人たちなんですね。僕は南東アラスカの自然をテーマに撮り出してから、やはりどうしてもこの土地の先住民に対しての思いが消えなくて、どうしても彼らが築き上げたトーテムポールというものを見てみたい、という思いが非常に強くなりました。ところがアラスカにはそういう意味でのトーテムポールがもう一本もないとされています。ほとんどのトーテムポールは、ある時代にみんな博物館が持っていってしまったり、朽ち果ててしまったりして、アラスカには彼らが神話の時代に生きていた頃のトーテムポールはないとされていて、僕はそれでも何とかそのトーテムポールを見てみたかった。クジラやハクトウワシやクマやオオカミ、彼らがそういうものと自分たちを同一視していた時代のトーテムポールを見てみたかったのです。

あるとき、とても面白い話を聞きました。南東アラスカの少し南に、クイーンシャーロット島というたくさんの島からなる群島があります。そこは昔々、ハイダ族の島だったんですね。そこに彼らが動物と一体になって生きていた時代のトーテムポールがまだ残っているという話を聞いたんです。行くのが大変で、とても遠いところだけれども、そこまで行けば本当のトーテムポールを見ることができるという話でした。百年以上前、初めてヨーロッパの人たちがそこを通りすぎていったときに、天然痘をもたらしてハイダ族のほとんどが死に絶え生き残った者も昔からの村を離れて他の島に移り住みました。そして、博物館が世界の遺産を収集しだした時代に、トーテムポールもその収集の目的になったんですが、ハイダ族がそのままにしてほしいということで、博物館に持っていくことを拒否したんですね。博物館に持っていけば永久保存できる。自然のままに残しておけばそれは木の文化ですから、いつかは朽ち果てていく。ところがハイダ族は、そこに自分たちはもう行けないけれども、自分たちにとってとても神聖な場所で、トーテムポールを持っていくことは許さない、朽ち果ててもいい、そのままにしておきたい、と言ったんです。それで奇跡的に本物のトーテムポールが、クイーンシャーロット島のある島に残されていたんですね。僕はそこに去年初めて行ったんですけれども、もう本当に人気のない世界でした。小さな入り江に入っていくと、その森の中にトーテムポールがおそらく二十本近くだったと思うんですが、半分位は地面に倒れて苔むしていて、そこからまた新しい木が生えたりしていたんですね。僕は感動しました。一つには、もう忘れられている場所にあるという状況もあったと思うんですけれども、本当に朽ち果てながらもそういう形でトーテムポールが今でも残っている。さまざまな形がありました。それはハクトウワシであったり、ワタリガラスであったり……。

ワタリガラスはインディアンの神話の中で創造主と言われている鳥で、それは非常に重要な鳥なんですね。なぜかインディアンだけでなくエスキモーにとってもワタリガラスは非常に大きな意味を持っています。必ず創世神話に出てくる不思議な鳥なんです。そのワタリガラスであったり、人間の子どもがクマに抱かれた姿であったり、さまざまなトーテムポールが苔むしてほとんど消えようとしているんですが、非常に大きな力を持って語りかけてくるんですね。

そこで二日間過ごしたんですけれども、彼らが神話の時代に生きていた頃のトーテムポールを一人でここで座って見ていると、神話というものが、ただの話ではなくて、非常に大きな力を持って自分に迫ってくる。それが神話というものに興味を持ち出したきっかけになったんです。僕らは神話というと、バカバカしい、ちょっと時代錯誤的な作り話だと思ってしまうわけですけれども、実は神話というのは強い力を持っているのではないか。今はもう宇宙に行ける時代だし、自然科学というものが非常に発達して、僕たちが一体どういう生き物であるのか、何であるのか、少しずつ解明されてきていると思います。しかしそういった科学の智恵が、なぜか自分たちと社会との繋がりを語ってくれない気がするんです。どんどん自分のことが世界と切り離されて、対象化されていくような気がする。月に行けるようになったり、自然科学が発達してきても、自分たちの精神的な豊かさがなくなっていくような気がして仕方ありません。つまりもしかしたら、自分たちを世界の中で位置づけるために僕たちはどこかで神話の力を必要としているのではないかと、僕は今思っています。例えば、先ほど話したクジラ漁のことを考えてみても、ポイントホープという村に僕がとても好きな神話があります。それはちょっと長い神話なので全部はうまく話せないんですが、ある晩イグルーの中で家族が過ごしていて、ふと見ると若者の息子がトランス状態になっているんですね。つまり意識がなくなって、ボーッと座っている。それを家族の者が見ていた。やがてその息子は意識が離れていって、いつの間にか自分がクジラと一緒に旅をしている。自分の体もクジラになってしまって、クジラと一緒に旅をしながら少しずつクジラの気持ちが分かっていく。そのときに、ある長老のクジラが彼に言うんですね。春になったら自分たちはポイントホープの村の近くを通って、北極海に泳いでいく。そのときにお前が呼吸をすると、海面からエスキモーのウミアックを見るだろう。お前は誰に銛を打たれなければならないのかを自分で選ばなくてはいけない、と。そして、真っ白なきれいなウミアックを選べと言われるんですね。つまりウミアックをそういうふうにきれいに保っているエスキモーはきっと自分たちを獲ったときに、大切に肉を村人全員に分け与えるだろう……そういう話を幾つもするんですね。つまり自分たちが誰に銛を打たれるか、それをその長老に教わるわけです。うまく説明できないんですが、僕その話がすごく好きなんです。昔からポイントホープに伝わるクジラ漁の神話というものを、人々が信じていたかというと、それはそうじゃないと思うんですね。クジラが人間にそういうことを教えるなんて、彼らは決して信じていなかったと思うんです。ところが、神話を通してやはり自分というものを世界に位置づける、それはとてもいい方法だったと思うんです。神話はそういう力を持っている気がしてなりません。その中で非常に大きな意味を持つのは〝抑制〟ということだと思うんです。どこかで自分を抑制していく。それがタブーとかそういう世界と繋がっていくのかもしれないけれど、神話というものはそういう力を持っているような気がしてなりません。

そうやって考えてきたときに、僕たちが今、どんな時代に生きているかを考えると、本当にいろんなものが便利になって、テクノロジーとかそういうものでどんどん新しい世界に入っているけれども、同時に非常に大きなものを失ったというのは、こういった神話、自分たちの神話というものがもはやない、そのことがやはり非常に何か不安というか、自分たちをどうやって世界や宇宙の中で位置づけていいか分からないのではないかという気がしてならないんですね。あと何年かすれば二〇〇〇年になっていくわけですね。そういうことを考えたときに、どこかに不安というものがあって、人間がホモ・サピエンスとして始まったときからいろんなことが書かれていて、その筋書きどおりに進んでいるんだという考え方もあります。僕はそういうふうには考えたくなくて、どこかで信じたいというか、そういう気持ちがあって、例えばこんなふうなことを考えることがあります。もうそろそろ、僕たちは二〇〇〇年を迎えます。そのときに三〇〇〇年というものを人間が迎えられるかどうかということを時々考えることがあります。つまりあと千年なわけですが、もしも人間が三〇〇〇年を迎えることができたら、と、僕はこんなふうにいつも思うんですね。その三〇〇〇年に生きる人たちが過去の歴史を振り返ったときに、本当に人間というものが進化していくものであれば、今がやはり人間が変わろうとしているときのような気がして仕方がないんです。というか、変わらなくてはいけないという気がして仕方がない。その進化というのは、意識の変化だと思う。漠然としているんですけど、では意識の変化というのが何なのかというと、僕にはまだよく分かりません。ただこれから自分がアラスカにいて、アラスカの自然と関わる中で、何かそのきっかけとなるメッセージを送っていけたらと思っています。

第七章

誰もいない森から

1994年6月11日、東京都渋谷区松濤美術館にて開催された
写真展「残された楽園」に際して行われた講演。

僕はアラスカに住んでいまして、四、五日ほど前、この写真展のために日本に帰って来たんです。やはりアラスカから日本に帰って来ると、大きなギャップを感じます。

先週まで北極圏のチャルキーツイックという小さなインディアンの村に行っていたんですね。今年八十三歳になるアラスカのインディアンの精神的なリーダーに会いたくて、その村まで出かけていって何日か過ごしたんです。そこでいろんな昔話をそのおじいさんから聞きました。そのおじいさんは八十三年前に生まれたわけですが、八十三年といっても、僕らの感覚とはちょっと違うんですね。アラスカの場合、家族でいうと一世代、二世代前というのは本当に遠い昔のことなんです。この百年ぐらいの間に古代から近代まで渡ってしまったような、それくらい彼らの生活は急激に変化してきました。ですからエスキモーであれインディアンであれ、現在八十代の人たちが経験してきたことは、若い人にとってはまったく違う世界の出来事なんです。

四日間ほどいろんな話をした中で、おじいさんが火にまつわる話をしてくれました。

おそらくおじいさんがまだ子どもの頃の話だと思うんですが、かつて彼らは旅をしながら動物を求めてさまよっていた時代があったんです。その頃はとくに冬の場合、火を付けることはとても大変なことで、ハコヤナギという植物の茎を粉状のパウダーにして、石を使って火を起こしていたんです。夏と違って冬の場合だとマイナス五〇度の世界ですから、その中でキャンプで旅をしながら獲物を追っていくんですね。そのときにキャンプ地から次の野営地までの移動中に、どうやって前日の残り火を運んでいくかという話をしてくれた。まず最初に、先発隊が一人先回りして、一行程の間に何カ所か焚き火の用意をしておくんですね。その行程によって数は違うと思うんですが、何カ所かに枯れ木をすぐ火を付けられるように組んでおいて、次の野営地まで火が繋がるようにするんです。そしてその後から一つの家族なり仲間が出発するんですけれども、そのとき一人、足の速い者が残り火からつけた松明を持って走って、そして次の焚き火のある場所までなんとか消さないで運んで、そういう形で火を次々にリレーしていく。そんなふうに、当時はそれほど火を付けることが困難な状況だったという話がたくさん残っているんです。

先週そのインディアンの村で過ごして、それから東京に帰ってくると、やはりすごくギャップを感じたんです。

僕が生まれ育った実家は千葉県の市川なんですけれども、家の周りが繁華街なんですね。実家の隣がやきとり屋で、その隣が餃子屋、パチンコ屋でその隣がキャバレーなんです。けっしてそういう環境が嫌だというわけではなくて、アラスカから日本に帰ってくるとそういうものがとても懐かしくて、いいんですよね。そうすると、アラスカが逆にもっとクリアに見えてくるんです。アラスカに暮らしているといろんなものが当たり前になってしまって、慣れすぎてしまうんです。ですからときどき日本に帰ってくるとあまりに違う世界なので、どっちがいいということではなく、アラスカがよりクリアに見えるということがあります。

それはアメリカに行くときも同じです。例えばアラスカからニューヨークに行くと、飛行機で六時間か七時間ぐらいかかるんですが、チケットが安いこともあって僕は必ず夜行便の窓際の席を取ります。僕が暮らしているフェアバンクスを夜中の零時頃に出て、ニューヨークに明け方着くという感じなんですが、夜行便でずっとアラスカの夜景を見ながらだんだんアメリカ本土に近づいていくのが、とても気持ちいいんですね。夜なので下はよく見えないわけですけれども、時折月光に照らされて、氷河だったり山だったりアラスカの自然が見えます。でもやっぱり人の暮らしの灯はなかなか見えない。その中にふっと人家の明かりが見えるとそれがすごく愛おしいというか、こんなところに人が暮らしているんだなと思うんです。それから少しずつアラスカから南に下って行くと、最初にシアトルが出てくるんですけれども、シアトルは大きな街でものすごい夜景なんです。そこから光がずっと続いていて、そのうちシカゴに着きます。シカゴがまた大きな夜景で、アラスカの上空にいるときは全然人家の光なんて見えないんですが、アメリカに入るにつれてだんだん光が繋がっていく。人の暮らしを上空から見ると、光によって非常に単純化されてクリアに見えるんです。そこでいろいろなことを考えるんですね。そしてニューヨークに着くと、完全に人工的な光に包まれているわけですが、それが嫌なわけではなくて、人工的な光の海なんですけど、やっぱり人が暮らしていると思うと、上から見ていてすごくきれいなんですね。それでまた、ニューヨークからアラスカに戻るときに夜行便で帰ると、今度は逆にだんだん光がなくなってきて、最後は原野だけになってアラスカに着く。

つまりさっきの日本の話と同じように、一度アラスカを離れてみるとアラスカのイメージがすごくクリアに分かるんです。アラスカは自然が残っているスケールの大きさが本当に極端なので、一度離れてみないとなかなか分からないんですね。最初、十五年前に自分がアラスカに移り住んだときの感動が、慣れてくるにつれて少しずつ分からなくなってしまって、だんだん最初の感覚が薄れていると思うんです。だから、そういうふうにアラスカを離れるのは僕にとってとてもいいことなんですね。

何年か前、北極圏にカリブーの撮影に行ったときに、アラスカは道路がない世界ですから北極圏の人たちは小さな飛行機で行くんですけど、友人の飛行士と一緒にフェアバンクスを発って、ずっと道がない原野の上空を通って行くんですね。そういうときは必ず低空飛行しながら、もう原野をなめるようにして、山をスレスレに飛んでいくんです。そこには大河が広がっていて、危険のない程度に低空飛行しながら飛んでいくと、ときどきふとオオカミが歩いていたり、ムースが水を飲んでいたり、グリズリーというクマが山の上で何か食べていたりするのが見えます。そういう風景を見てすごく楽しみながら飛行するんですね。

いつも僕を乗せていってくれるブッシュパイロットは、長い間アラスカを飛んでいる男なんですけれども、彼は昔からアフリカの空を飛ぶのが夢で、ここ何年か冬になるとアフリカに行って、いろんな難民キャンプに物資を運ぶボランティアの仕事をしているんです。

ある年の冬、初めて彼がパイロットとしてアフリカに行って帰ってきたときも一緒に北極圏に行きました。ヘッドフォンをしてマイクでいろんな話をしながらアラスカの原野を飛んでいくんですが、そのとき彼に、アフリカはどうだったという話を訊いたんです。やっぱりアフリカはいろんな問題を抱えていて、急速に自然が消えつつあると彼は言っていました。一方、アラスカで何時間飛行機で飛んでいても、下の原野には人の気配がほとんどない。そういう世界が当たり前になっていたのが、アフリカに行ってみて初めてアラスカの持っているまだ手つかずに残された自然の大きさが本当によく分かったという話を彼はしていたんですね。彼にとっては、アラスカを離れてアフリカに行き、またアラスカに戻って来るという初めての旅だったんです。僕はアフリカに行ったこともないし、アラスカしか知らないんですけれども、彼の言っていたことの意味はとてもよく分かりました。

よく人から、「どうしてアラスカなんですか」「アラスカは何がいちばん魅力ですか」

と訊かれるんですが、もちろんそれはいろんな要素があるので一言では言えないんですけれども、あえて一つと言われると、言葉が適当かどうか分からないですが、「意味のない自然の巨大さ」がアラスカにはあるんですね。

北極圏から飛行機で何時間飛んでも、本当にもう見渡す限りの原野しかなくて、その自然にはなんの意味もないんです。僕らが今自然ということを考えるときには何かしら意味があって、それは例えば国立公園だったり、何か人のためになるものだったりして、意味のない視界の広がりというのはなかなか経験できないものではないかと思います。

例えばアラスカは地図を広げたときに道路がある世界は本当にわずかなんですね。ほとんど道がない世界なんです。アラスカの地図を広げるとけっこう騙されることがあって、例えばポツポツと町の名前が書いてあるんですが、地図を見ると大きく黒丸でちゃんと町の名前が書いてある。ところが実際にその町に行ってみると、四家族しか住んでいなかったりするんです。

百年以上も前にアラスカを旅したアメリカの探検家が、「アラスカに若いうちに行くと大変なことになる」と言っています。それはアラスカにもし行くのなら、ちゃんと歳を取ってから行けということなんですね。最初にアラスカを見てしまうとスケールが大きすぎて、他の場所に行ったときに感動できなくなるという意味だと思うんですけれども。この言葉は一理ありまして、僕もずっとアラスカにいるものですから、自然のイメージの基準になるのはやっぱりアラスカなんですね。そうすると、例えばアメリカのグランド・キャニオンやイエロー・ストーンといった国立公園に行ったときに、もちろん壮大な自然だと思いますけれども、アラスカから来ると、必ずその広大な自然を見たときに、地平線の向こうはこういうふうになっているだろうと考えてしまうんですね。アラスカの場合、見渡す限り原野が広がっていて、地平線のさらに向こうにも同じような原野が広がっている。そういう自然がイメージとしてあるので、アメリカの他の自然を見たときに、例えば山の向こうには何があるのかと想像してしまう。そうするとやっぱりその向こうには町があるんですね。どこかでやっぱりすごく囲まれている。

一方、アラスカにある国立公園でいちばん有名なのはマッキンレー国立公園です。ちょうどアラスカの真ん中ぐらい、マッキンレー山のふもとにある広大な国立公園なんです。他のアメリカの国立公園と比較してもやっぱりすごくいい国立公園ですが、アラスカの全体から見ると、マッキンレー国立公園はいちばん野生が少ない地域なんですね。つまりその周りの方がより野生なわけです。例えばアメリカだと国立公園はいちばん野生の場所で、その周りに人の暮らしがあると思うんですが、アラスカの場合は逆なんです。国立公園がある意味でいちばんポピュラーな場所で、その周りに広がっている原野の方がもっと野生なんですね。

だから、観光でアラスカに来たときに他の地域とちょっと違うのは、アラスカの場合は簡単に入れない世界がたくさんあるので、国立公園というのはあくまで「観光で行ける範囲」という意味なんです。

アラスカの観光専門当局という施設が東京にあって、彼らはなんとか日本の観光客をアラスカに呼びたいという気持ちがあるんですけれども、そういうわけでなかなかアラスカの自然は観光に向かないんですね。それで施設の人から「どうしてカナダにあんなに大勢の日本のOLが行くのに、アラスカには来ないんだ」と相談されたことがあります。その人が言うには、駅前にポスターがあって、OLの人たちをカナダに魅きつけているのではないかと。きれいなホテルと山と湖がある。どうしてそういう写真が撮れないのかと言われたんです。それで僕はそういう写真は撮れますよと言いました。アラスカにも素敵な自然、素敵な山がある。ところがもう一つの要素が、素敵なホテルではなくて、テントなんですね。まだやっぱりアラスカはそういう意味でも観光地としてはなかなかむずかしいところなんですけれども、それは逆にアラスカのいいところで、できたらずっとこのままでいてほしいなと僕は思います。

ちなみにマッキンレー国立公園は観光の範囲も広がっていて、アラスカに来られる方はだいたい夏に来られる方が多いと思うんですが、アラスカに来るときに必ず失敗する旅の仕方があって、それはいろんなものを網羅しようとする旅なんですね。一週間や十日間という短い時間でいろんな場所に行っていろんなものを見ようとすると、とても疲れて旅が終わってしまう。アラスカはとても広いので、移動するのがとても大変なんです。十日間ぐらいの予定だったら、いろんなところに行かないで、一カ所でゆっくり自然を見たらいいなと思います。

それから、もし若い人だったら絶対テントを担いでくるべきですね。本当にいろんな旅の可能性を持った土地ですから。もし家族で来るならホテルには絶対に泊まらないで、キャンピングカーを借りて旅をしたらいいと思います。キャンプ地はいろんなところにあるので。僕はアラスカに来てホテルで夜を過ごすことほど淋しいものはないと思うので、そういう旅がいいと思います。

アラスカはまだ新しい州で、例えば四十代以上でアラスカ州生まれの人はあまりいないんですね。もちろんその前からインディアンやエスキモーの人たちは暮らしていたんですが、アメリカ本土からアラスカに来た人は、皆アラスカに何かを求めてやってきた人なんです。アメリカ本土で何かを得られなかった人が、何かもっと違うものを求めてやってきたような気がする。

彼らがアラスカに来る理由はベストピークとワーストピークだと、ある老人が断言していたことがあります。本土とは違う自然や暮らしを求めてくる人をベストピークとすれば、ワーストピークというのは、結局アメリカ本土で何か犯罪をやってしまって、アラスカに流れてきた人です。例えばちょっと前、今はもう亡くなってしまったかもしれないですが、昔アル・カポネに追われていたというおじいさんもいました。いずれにしろ、皆何かを求めてアラスカにやってくるんだと思います。

僕の周りで何人かニューヨークから来た人たちがいて、彼らと話しているとニューヨークが嫌になってアラスカに来たのではないんですね。もちろんそういう人も少なからずいると思うんですけど。でも、少なくとも僕の友人はニューヨークも好きだけど、アラスカも好きだという人が多い。アラスカに住んでいる人もニューヨークに住んでいる人も、一生懸命生きているところがすごくいいという話をしたんですね。つまりニューヨークの人は都会という世界で、犯罪とかいろんなもの全部含めて、いろんなものの中で一生懸命生きている。それがやっぱりニューヨークの面白さだろうと。ではアラスカはどうかというと、やはり半端じゃない自然の中で一生懸命生きていかなくてはいけない。そういう共通性がニューヨークとアラスカはあるねという話をしていました。

一言でアラスカの人はこういう人なんですと説明するのはとてもむずかしいんですね。いろんな人間がいますから。ただ一つ思うのは、自分を紹介するときのことです。今はアメリカでも名刺の交換というスタイルが結構浸透していて、そういう文化が日本だけでなくアメリカ全体にあるんですね。ところがアラスカの場合だと、例えば、僕がアラスカで日本人の知り合いに会ったときに、その友達から「あの人はどういう職業なの？」と訊かれると、なんと答えていいか分からないんです。つまりその人がどういう人かという説明をするのに、とても時間がかかる。なぜかというと、「あの人は、秋になるとあれをやってるし、冬になるとあれをやってるし、夏になればこういう仕事をしてるし……」というふうに説明しなければならないんですね。都会生活だと、名刺を出されれば、こういう会社に勤めていて、こういう人なんだなと判断して、それで済んでしまう。でも本当は東京だってきっとそうだと思うんですけども、いろんな価値観を持った人間がいて、よく見ていくともっと多様性があると思うんです。アラスカの場合はその目安が非常に単純なんですね。そういう意味で僕にとってはとても暮らしやすい土地で、いろんな人間が生きているということにすごくホッとするんです。

アラスカを説明するとき、地図で見た場合と地球儀で見た場合で大きな違いがあるんですね。地球儀で見てみると、アラスカは本当にアメリカ本土から離れているなという感じがするんです。初めてアラスカからニューヨークに行ったとき、僕はアラスカはアメリカの州だから皆よく知ってるだろうと思っていたら、彼らはアラスカについて何も知らなかったんですね。日本人がアラスカに関して知らないのと同じぐらい、同じ国であるアラスカのことを知らない。特に東海岸は保守的な土地ですから、そういう場所から見るとアラスカというのは新しい州で、あまりアメリカの州として認識されていないんです。言ってみれば、地の果てというイメージなんですね。

逆にアラスカに住んでいる人たちはそんなふうに思っていないですから、アメリカ本土のことを「ロウアー・フォーティー・エイト」、つまり「下の方にある四十八州」と呼びます。僕はそういう言い方が普通だと思っていたので、ボストンやニューヨークでいろんなアラスカの話をする中で、「ロウアー・フォーティー・エイト」と言ったら、皆に笑われたんです。僕は最初なぜ笑われているのかよく分からなかったんですが、どうやら「ロウアー・フォーティー・エイト」というのはアラスカに住んでいる人々特有の誇りを持った言い方であって、ところがアメリカ本土に住む人々にとっては、アラスカなんてアメリカに存在しないだろうという程度の認識なので、その呼び方がすごくおかしかったらしいんですね。それはすごくショックだったというか、アラスカとアメリカ本土でこれほど意識の違いがあるんだなと思いました。

ニューヨークに行ったとき、アラスカの友人のおばあちゃんの家に泊めてもらったんですが、マンハッタンのアパートには必ずドアボーイがいて、誰でも勝手に入れないんです。ドアボーイがちゃんと照会をとって初めてアパートに出入りできる。ところがそのアパートのドアボーイは、僕らが帰ってくると必ずつかまえて、アラスカの話をしてくれと言うんです。なぜかすごく興奮してるんですね。どうしてかと思ったら、結局それほど彼らにとってアラスカは遠いところで、僕はそこからきた日本人、あるいはもしかしたらエスキモーだと思われていたのかもしれません。それで、アラスカというのはアメリカの中でそれほど遠いイメージなんだと実感しました。ただそれは悪く思われているわけではなくて、どちらかというと憧れの地という感じなんですね。

それでは、次に少しアラスカの四季について話をします。

よくアラスカに行きたいという方から、行くとしたらどの季節がいちばんいいですかと聞かれるんですが、やはりそれぞれの季節がいいので、そんなことも踏まえながら、アラスカの人の暮らしなども含めて話したいと思います。

毎年、四月から五月の間に「ユーコン解氷」というニュースが新聞に出るとアラスカに春が来たなという感じがします。ユーコン川の氷が溶ける瞬間というのは、アラスカの人たちにとって春が来る徴《しるし》なんですね。僕は一度ユーコン川の解氷に居合わせたことがあります。もうそろそろユーコン川が解氷するということで、一日中ユーコン川のほとりで過ごしたことがあるんですが、解氷の瞬間というのは本当に突然で、ボーンと音がしたと思ったら、今までまったく静かだった川が一斉にドーッと動き出して、氷が縦横無尽に割れていきます。それはものすごい風景で、半年間ずっと凍りついていた川がついに耐えきれなくなって、一瞬のうちに動き出す瞬間はやはりとても感動しました。

この頃になると、日照時間が毎日七、八分ずつ長くなっていきます。毎日七、八分ということは、一週間で約一時間も長くなるわけですから、ものすごいことなんです。この時期からやがて白夜になる夏至の六月頃まで、どんどん日照時間が長くなっていきます。

五月の中頃になると、毎年カリブーの季節移動を撮影するために北極圏に行きます。あたりはどんどん雪が溶け始めて地面が出てくる時期で、カリブーは出産のために南から北上してくるんですね。おそらく地球上でこれほど大きな旅をするのはアフリカにいるヌーという動物とこのカリブーくらいだと思うんですが、そのカリブーの大移動はアラスカに住んでいる人でもほとんど見たことがないんです。エスキモーやインディアンがたまに出合ったりするくらいで。何十万のカリブーが自分の目の前を通りすぎていくときに、そういうほとんど誰も見たことのない自然の奥深さを目の当たりにすると、やはりいろいろ考えます。

例えば、いろんな自然界の出来事が消えていって、伝説になっていきますよね。例えばアメリカの平原からバッファローが絶滅してしまうと、知識としては残ります。そういうふうにいろんなものが伝説になっていく中で、どうしてもっと早く生まれなかったのかという思いがいつも心の中にあるんですね。例えば僕が百年前に生まれていたら、インディアンやエスキモーのもっと昔の暮らしを見れたのに、と。でもふと考えてみると、目の前のカリブーは今でもいるじゃないか。誰もいない原野を、誰も知らない世界を大きなカリブーの群れが旅をしていて、自分が今生きているときに、こうしてカリブーが生きている世界がある。そういうふうにこの先百年後に伝説になっているかもしれない世界がまだ進行しているということが、やっぱり嬉しいし、ちゃんと記録していいかなくてはいけないかなと感じるんですね。

　カリブーの撮影をするときは、ベースキャンプを張って、だいたい三週間から一カ月ほどそこで過ごすんですが、まったく人がいない世界なので、誰かに会うことはまずありません。北極圏はブッシュパイロットと呼ばれる飛行機で入るしかないんですが、スキーをつけたセスナで降りるんです。本当に広大な世界なので自分からは動けないんです。ベースキャンプを張って、ただひたすらカリブーの大群が通るのを待つしかない。そうするとカリブーがそこに来るかどうかはほとんど賭みたいなもので、来る年は来るし、来ない年は来ない。彼らがどういうふうにして旅をしていくかというのは誰も予想できないので、昔のインディアンの言葉で「風とカリブーの行方は誰も知らない」という言葉があるくらいなんです。

　一回飛行機から降ろしてもらうと、何週間かそこに一人でいなくてはいけません。カリブーだけではなくて、いろんな動物を撮影するときは必ずそうします。こちらから動くと動物は逃げてしまうからなんですね。例えば、山の中でクマに出合っても、普通はそんなに恐くなくて、むしろクマが僕に気づくと一目散に逃げていく。逆にアラスカの中でいちばん恐いのは国立公園のクマです。つまり人間に慣れているクマがいちばん恐いんですけど。アラスカを旅しているとクマはだいたいどこにでも出てくるんですが、クマと出合ったときの対応としてよくないのは、一つは恐がりすぎてしまうことです。

もう一つは逆にまったく気にしないこと。それは両方ともまずいんですね。やっぱり気持ちのどこかで気にしていなくてはいけないし、恐れすぎてもいけない。アラスカでキャンプをしていて、どこかでいつもクマに対する気持ちがあるというのは、ある意味でとても贅沢なことだと僕は思うんです。山の中でキャンプしているとき、クマの存在をどこかで感じて緊張しているというのはなかなかできる経験ではなくて、アラスカにまったくクマがいなかったとしたら夜寝るときも心配しないでキャンプをできるわけですけども、それではつまらないと思います。どこかでいつも自然に対する緊張感を持っているということがとても大切だと思います。

クマが半年間雪の中で冬眠した巣穴から出てくる瞬間も、ユーコンの解氷と同じように春を感じさせてくれます。

そういう意味では、夏のキャンプと冬のキャンプの決定的な違いは、クマの存在なんですね。冬のキャンプの方がもちろん寒いんですけれども、冬はクマが寝ているから気持ちの上ではどこかホッとしている部分があって、マイナス四〇度の中でテントを張っていても、気持ちがどこかでのびのびしてるんです。逆に夏の間はどれだけ快適でも、どこかでクマがいるという意識があるんです。ですから四月になるともうクマが目覚めているかもしれないという、そういう意味でもう春なんだなというメッセージのような気がします。あるとき北極圏のエスキモーの村の近くで、エスキモーの友人の子どもがクマの巣穴を知っていて、もうそろそろ出てきたらいいのにと言うので、友人と二人で見に行ったんです。最初は期待して行ったんですけど、一日目、二日目と何も起きなかったんですね。それで三日目はとてもいい天気だったので、二人ともうっかり雪の上で寝てしまったんです。一時間ぐらいしてふと目を覚ましたら、雪原から黒い影が二つ出てきていた。びっくりして慌てて友人を起こして写真を撮ることができたんです。

夏が慌ただしく過ぎて秋がやって来ると、だんだん日照時間が短くなってきて、冬が近づいてきます。この頃、クマは川でサケを獲ります。産卵を終えて最後に登ってきたサケは体がボロボロなんですけど、クマは冬眠に入る十分前までサケを獲って巣穴に駆け込むんですね。この時期は本当にサケがアラスカに多くて、アラスカというのは本当に豊かな自然で、その一つがサケです。五種類のサケがこの時期川を登ります。キングサーモン、レッドサーモン、シルバーサーモン、ピンクサーモン、ドッグサーモン。サケは本当に食べ放題で、アメリカ人はイクラは食べないので、僕はバケツでイクラを家に持って帰ったりするくらいです。

アラスカはなんとなく色がない世界だと皆さんは思われているかもしれませんが、それぞれの季節に非常に多彩な色がありまして、とくに秋の紅葉は素晴らしいんです。

八月の後半から九月にかけて、アラスカ中のツンドラが紅葉に包まれます。ツンドラにはいろんな植物が生えているので、それぞれが少しずつ違う時期にさまざまな色で紅葉をして、そうするとモザイクのような風景になります。そしてこの時期になるとブルーベリーやクランベリーといった木の実がなるので、腰を下ろして、手をのばせる範囲でお腹が一杯になるくらいのブルーベリーを摘むことができる。とても豊穣な季節です。アラスカには土産の果物がないので、こういう木の実が大切にされるんですね。この頃になると、町のスーパーマーケットに一ダース入りの空のジャムの瓶がずらっと並べられます。一年間のジャムを作るのがアラスカに暮らす人たちの楽しみなんです。キャンプなんかしているといちばんの楽しみは、朝ブルーベリーパンケーキを作ることです。

ここで少し、南東アラスカについても触れておきたいと思います。僕はアラスカに暮らし始めて最初の十年ぐらい、北極圏ばかり撮影していたんですが、ここ何年かは南東アラスカにとても魅かれています。南東アラスカは雨量がとても多く、年間降水量がアマゾンを上回るぐらいの雨が降るので、非常に深い森が形成されています。

先ほど少しアラスカの観光について話しましたが、もし少し慣れて時間に余裕のあるアラスカの旅が計画できるとしたら、観光業者も知らないすごくいい旅の仕方があります。

アラスカには森林局があって、アラスカの森の中にたくさんキャビンを持ってるんですね。それを予約すると、一人予約したら他に誰も入れないんです。というのは、そのキャビンは道路がない場所にあるからです。そこに行くには水上飛行機を使うしかないんですね。ですからその飛行機をチャーターして、キャビンに泊まるわけです。相当安いお金で、家族で泊まれます。そのキャビンはとてもシンプルな住まいで、寝袋は持参するんですけど、ストーブがあって、木のベッドがあって、とても静かな場所です。人は誰も来ませんし。ですから一週間いたいといえばその場所が一週間自分たちだけのものなんですね。そこで自炊しながら過ごすわけなんですけれども。アラスカの人は知っていますが、海外の人はそのキャビンのことはほとんど誰も知らないので、時間に余裕があったら予約をして過ごされるといいと思います。

以前、日本から来た友人の家族の方に紹介して、彼らは一週間ぐらい過ごしたんですけど、そこはクマがウヨウヨいるところで、朝キャビンの前で歯を磨いているとクマの親子が通ったりしたらしいんです。子供たちはみんなびっくりしていました。すぐそばに川が流れていて、川幅の端から端までサケで埋まっていて、端にいるサケが追い出されて岸に上がってしまうようなところなんです。古くからのインディアンの言葉で「サケが森を作る」という言葉があって、それを本当に実感します。つまり上流で産卵を終えたサケが死んで、また川に流されて戻ってくるわけです。

南東アラスカにハイダ族というインディアンがいて、彼らはかつてトーテムポールを作っていたんですね。今では彼らの暮らしも少しずつ変わってきていますが、僕は本当のトーテムポールを見たいとずっと思っていました。というのは、本当に人々が神話の時代に生きていた頃のトーテムポールはもうほとんど見ることができないんですね。なぜかというと、トーテムポール自体は木ですから、どんどん朽ち果てていく。それである時代に博物館が保存のためにほとんどのトーテムポールを回収して、森から運び出してしまったんです。

ところが、かつてハイダ族が住んでいたクイーンシャーロット島は、百年以上も前にヨーロッパ人が天然痘を持ち込みまして、村全体がほとんど全滅してしまった時代があったんですね。それで、その当時の村が廃墟のまま残っているという話を聞いて昨年初めてそこに行ってきました。そして、そこには本物のトーテムポールが残っていたんです。まだ本当に動物と人間の区別がなかった時代のトーテムポールが残っていて、それらのトーテムポールもある時代に博物館が回収しようとしていたんですが、ハイダ族がそれを拒否したんですね。自然の中で朽ち果てていくままにしておきたいと。もちろんそのままにしておけばどんどん風化していきますけれども、それは彼らが望んだことだったんです。実際その場所に行ってみると、大きなトーテムポールが地面に倒れている。とても不思議な世界でした。中には人を埋葬するために作ったトーテムポールもあるんですね。トーテムポールの下に死んだ人間の体の一部を置く。

この場所はすごく神秘的で、わずか百年ほど前にこういう世界を生きていた人々がいたということがとても不思議な感じがしました。アラスカに行けば町にも観光者向けのトーテムポールがあるんですけれども、ところがその森にあったトーテムポールからはまったく異なる力を感じました。南東アラスカにいたインディアンの人たちはそれぞれの家族がどういう動物を祖先として敬っているかがはっきりしているんですね。「あなたはどういう動物の家系ですか」と訊くと、「私の家系はクマです」「私の家系はワタリガラスです」とはっきりした答えが返ってきます。今は少しずつ変わってきてますけれども。その森に残っているトーテムポールも中から草花が生えていて、どんどん朽ち果てて、もう数十年もすれば消えてしまうだろうと思います。

僕が今、アラスカで撮っている大きなテーマのうち、一つはカリブーの季節移動を記録していきたいと思っています。そしてもう一つは南東アラスカの自然です。クジラや氷河や森の世界ですね。

そういうふうに自分と自然との関わりを考えたときに、そもそもなぜ、どういう形で自然に興味を持ったのかと考えていくと、子どもの頃のことから考えて二つのことが思い当たるんですね。

一つは小学生の頃に観た映画の印象が強く残っていたということがあります。その頃は地元で観られる映画のほとんどがチャンバラ映画という時代でしたが、あるとき、たまたま「チコと鮫」という映画を観たんです。タヒチを舞台にした、原住民の少年と白人の女の子、そしてサメとの関わりを描いた映画なんですが、それまでチャンバラ映画ばかり観ていたのが、ある日突然そういう自然を撮影したドキュメンタリー映画を観て、こんな世界があるのかという強いショックを受けました。世界ってこんなに広いんだなと、子どもながらに感じたんですね。

それからもう一つは、大きくなってから北海道に対する憧れがとても強くなった時期があって、僕が高校生の頃はまだ北海道は比較的遠い世界だったので、北海道の文献を読んではいつか北海道に行きたいと思っていました。そのとき、クマの存在にとても魅かれていたんですね。毎日、僕が東京近郊で暮らして、学校に行ったり、電車に乗ったりしているのと同じ瞬間に、北海道にはヒグマがいるということがどうしても不思議だったんです。それが自分が自然のものを面白いと思った初めての体験でした。今から考えると、きっといろんなものに同じ時間が流れているということが不思議だったんだと思います。

何年か前に僕の知り合いがアラスカに来て、一緒にクジラを見る旅に行ったんです。ある日一頭のザトウクジラに出合ったんですが、ボートの前でクジラが大きく跳び上がって、大きなブリーチングをしたんですね。そしてまた海中に落ちて、そのまま何もなかったように泳いでいったんですが、そういうシーンを僕らは目の前で見ることができたんです。その友人が帰国後日本から手紙をくれたんですが、アラスカに行って本当によかったという内容でした。「自分が日本にいて忙しく過ごしているときに、ふとあのクジラのことを思い出す」と書いてあったんですね。それはすごくよく分かるというか、いろんなものに同じように時間が流れているというのは、よく考えると不思議なことで、そういう気持ちをいつも持っていたら、それはとても豊かなことなんじゃないか。そんな気がします。

そういう意味で、僕らの周りには二つの大切な自然があるような気がします。一つは身近な自然です。つまり生活の中で自分の家の近くの森や川や草花が毎日見ることができる、そういう身近な自然が大切なんですね。もう一つは、遠い自然も大切だと思うんです。つまりそこには行けないかも知れないけれど、そこにあるというだけでホッとできる。例えば、カリブーの季節移動はなかなか人が行けない場所でしか見ることができないんですが、しかしそこにそういうものがあると想像できるのはとても豊かなことなんですね。あるいはオオカミのことを考えると、アラスカにはまだオオカミがたくさん残っているんですが、たとえオオカミが消えてしまっても、僕らの日常生活は何も変わらないわけです。ところが決定的に違うのは、オオカミがいなくなったら、僕らはオオカミについて想像することができなくなってしまう。そこには大きな違いがあるような気がします。そういう意味で、自然を大切にするということは、時間を大切にするのと同じぐらい大きな力を持っていると僕は思うんです。

第八章

二つの時間、二つの自然

京都東山山麓法然院で開催された写真展「アラスカ」に際して、
1996年1月28日、ＹＭＣＡ四条センターにて行われた講演。

僕はアラスカで暮らし始めてから今年で十八年になります。最初は五年ぐらいで帰ってくるつもりだったのですが、結局十八年も経ってしまいました。

おそらく皆さんの中にはアラスカのイメージはぼんやりとしかないと思うんですが、それはアメリカ本土の人々にとっても同じなんですね。彼らにとってもアラスカはとても遠い場所で、アメリカ本土の人々も日本人が感じているのと同じくらいの距離をアラスカに感じています。

それで、彼らから「なぜそんな遠くて寒い場所で暮らしているのか」とよく聞かれます。「大変でしょう」と。僕も答えようがなくて、「大変です」とつい答えてしまうのですが、実際にアラスカに暮らしていると、大変な中にも生きがいがあるんですね。

例えば、僕はよく文章の中で過酷な自然の中で生きるエスキモーについて書くんですが、振り返ってみると、現在はエスキモーでも過酷な自然の中で暮らしている人はほとんどいない。そういうふうに、外の世界から見えるものと実際そこに暮らしている人々の思いはずいぶん違うと思います。

先週、北海道に行きまして、紋別の人たちと話をしました。

やはりアラスカについていろいろと質問をされたのですが、その中で「エスキモーの人たちは何を食べているんですか」とよく聞かれます。

僕がいつも思うのは、食べることの大切さです。他の民族と接したときに、相手の民族がおいしいと思っているものを自分たちがおいしいと思えるのはとても大切なことだと思います。例えば、アメリカ人が刺し身やお寿司を喜んで食べてくれると、日本人としてはとても嬉しいですよね。食べ物に対する思いというのはとてもデリケートなもので、逆にアメリカ人が生魚を食べられないとなると、日本人としては辛いというか、どこかで許せないという気持ちを抱いてしまう。音楽や映画の趣味が違うということは別になんともないことだったりしても、自分たちがおいしいと思っているものを食べてもらえないのはとても辛いことなんです。

アラスカでエスキモーの人々と一緒にいると、いろんな食べ物をくれるんですね。エスキモーにとっていちばん大事な食べ物というのはシールオイルというアザラシの脂です。彼らの食生活にとってシールオイルは欠かせないもので、日本人にとっての醤油にあたるものです。彼らと旅をしていると、僕がそれを食べても食べなくても彼らは何も言わないんです。でも、ずっと僕を見ていて、僕が食べるとすごく嬉しそうな顔をします。

アラスカの話をするときに、いつもどこから話そうかと迷ってしまうのですが、まず広さということで説明しますと、アラスカは日本の四倍くらいの広さです。

でも、人口はとても少ないんですね。ずいぶん前に僕の友人がアラスカの人口密度を日本に持っていったらどうなるだろうと計算したところ、東京都全体に九十五人の割合だったそうです。

アラスカはほとんど道路がない土地なので、飛行機で移動しなければいけない場所が多いんです。例えば、初めて行く街を地図で調べてみると、ちゃんと黒印で街の名前が載っているんですが、実際に行ってみると四家族しか住んでいなかったりするんですね。

そういうふうに普通の感覚で地図を見ると間違いを起こしてしまうのですが、僕がアラスカに魅かれているのは、もしかしたらそういうなんだか分からない広がりなのかもしれません。普通僕らが目にする場所の広がりというのは、公園だったり何か意味のある場所だと思うんですね。でも、アラスカの場合は、飛行機から地上を眺めると本当に何がなんだか分からない広がりがずっといつまでも続いていて、その感覚はやっぱり僕がすごく魅かれるところなんです。

アメリカにはグランド・キャニオンやイエロー・ストーンといったたくさんの自然公園がありますが、例えばグランド・キャニオンに行くと、「地平線の向こうに何があるのか」ということがすごく気になってしまうんです。そしておそらく地平線の向こうには街があるんですね。でもアラスカの場合は、地平線の向こうにまた新たな地平線があって、そこにアラスカの持っている可能性を感じるのです。狭い自然が悪くて広い自然がいいとは思いませんが、でもそれはやはりアラスカが持っているすごく大きな力のような気がします。

例えばアラスカの自然の特徴を説明するときに、デナリ国立公園があります。デナリ国立公園は、北米最高峰のマッキンレー山の麓に広がっていることから、以前はマッキンレー国立公園と呼ばれていました。アメリカ全体を見渡したときに、おそらくデナリ国立公園ほどワイルドな国立公園はないと思います。道路が一本通っているだけで、あとは氷河の山や原野しかない、とてつもない広がりを持った国立公園なんです。でも、アラスカ全体を見るとデナリ国立公園はいちばん人が入っている地域なんですね。

アメリカだと、イエロー・ストーンの周りにはたくさん人が暮らしていて、人の暮らしに囲まれた唯一の自然国立公園だと思います。でも、アラスカの場合はそれが逆になっていて、デナリ国立公園がいちばん人が入っている地域で、むしろ周りの地域の方がもっと野生なんです。アラスカはそういうパラドックスのようなものを持っている土地です。

最近はアラスカを訪れる日本人もずいぶん増えていますが、観光客で多いのはドイツ人とスイス人だと思います。なぜドイツやスイスの人々がアラスカに来るかというと、やはり先ほど言ったような「何がなんだか分からない広がり」、そういうものに思いを馳せているのかもしれません。

何年か前に北海道の札幌で初めて写真展をやったときも、ずいぶんお年を召した方々がたくさん来られたんですね。ある人と話したときに、昔の北海道のイメージとオーバーラップしてアラスカを見ている部分があって、やっぱり百年ぐらい前の北海道とアラスカにオーバーラップする部分があるのかなと思ったことがありました。

アラスカの四季を考えると、皆さんは本当に冬しかないと思われているかもしれませんが、実際は四季の移り変わりがとてもはっきりしています。そして、アラスカの人々はすごく太陽を気にして一年を生きているんですね。

それは極地に行けば行くほどそうだと思うんですけれども、僕が住んでいるフェアバンクスではこの時期太陽が十時過ぎに少しだけ上がって、十四時前には沈んでしまいます。それも地平線からちょっと顔を出すだけで、朝日と夕日が同じような感じですぐ沈んでしまう。僕が昨年の暮れに日本に帰ってきたときにアラスカはマイナス四五度くらいで、やっぱり冬はとても寒いんですが、本当に寒いのはこれからで、マイナス六〇度くらいまで下がるときもあります。

でも、もうすでにアラスカの人々は春の気配を感じています。なぜなら冬至が過ぎているからで、冬至はアラスカの人々にとってとても大きな心の分岐点になっているんです。

なぜかというと、その日を境に日照時間が延びてくるからなんですね。僕がいるフェアバンクスは、太陽がちょっとでも出るからまだいいんですが、もっと北の方で暮らしているインディアンやエスキモーがいる地域では、一年のうちの何週間かはまったく太陽が出ない日が続くんです。

もう一つの大事な日は夏至です。夏至の頃になると、白夜の季節なので今度は太陽がほとんど沈まないんですね。

夏至というといつも思い出すのは、ずいぶん前に韓国から野球のオリンピック代表チームがフェアバンクスにやってきたことがあったんです。フェアバンクスの職業人チームは全米でもかなり強いチームなので、韓国のオリンピック代表チームと試合をしたんですね。

ちょうど夏至の日に試合をやったんですけれども、アラスカでは夏至の日に野球の試合をする場合、どんなに暗くなっても球場のライトをつけないという約束があるんです。普通は夏至の日はとても明るいので夜の七時を過ぎてもライトなしで試合ができてしまうんですが、その日は試合が始まったときから結構暗かったんですね。

試合が進むにつれて、だんだんピッチャーが投げるボールが見えなくなってきて、韓国のチームから「オリンピックに出場する大切なチームなので、球場のライトをつけてくれ」という抗議が出た。でもフェアバンクスのチームは「夏至の日は決まりでどうしてもつけられない」と言って、何度かそういうやり取りがありました。それで、とうとう韓国のチームは怒って帰ってしまったんです。

　そのとき僕も球場にいたんですが、誰も文句を言わないんですね。夏至というのは、彼らにとってそれだけ大事なお祭りなのだと思いました。

　そんなふうに、アラスカの人々はすごく太陽を気にしながら生きているというか、一日に太陽が描く弧の大きさをいつも気にしているんですね。

　今は冬至が終わっているので、日照時間が日に日に延びているんですが、そうすると天気予報で必ず一番最後に「今日は昨日より日照時間が五分延びました」という一言が入る。毎日言うことは同じなんですが、その一言を聞くのがみんな楽しみで、やっぱり春を待つ気持ちが強くあるんです。

　日本で暮らしていると、太陽のことなんてあまり気にしないと思うんですが、アラスカに暮らしていると太陽はとても大切なもので、とくに冬はそれを強く感じます。


　僕はアラスカに十八年いるわけですけれども、最初アラスカに来たときはここで五年間過ごそうと思っていました。五年間アラスカで写真を撮って、他のテーマで次の国に行こうと思っていたんですが、結局十八年もアラスカにいます。

　なぜこれだけアラスカに魅かれているのかと考えると、やはりそこに人の暮らしがあったからだと思うんですね。もしアラスカがただの素晴らしい自然だったら、僕はこれほど長くアラスカにはいなかったと思います。そこにはエスキモーやインディアンといったネイティヴな人たちの暮らしや、白人の暮らしがちゃんとあって、そういうふうにいろんな人たちと出会っていく中でアラスカに魅かれていったんですね。

アラスカにいるとき、いつも自分の中に「何百年前にここに来れたら」という思いがいつもあるんです。例えば百年前だったら、もっと自然と一体となった暮らしを見ることができただろうという思いですね。そういうふうに考えてみると、アラスカの場合は二世代三世代遡ると、もうどこかの神話のような暮らしをしていたんです。アラスカに行く前は人間が持っている歴史に対して興味がなかったんですが、アラスカに行って歴史ということをすごく感じるようになったんです。

僕はベーリング海峡のことがずっと気になっているんですが、ベーリング海峡はかつて繋がっていたんですね。ユーラシア大陸と北米大陸は昔は繋がっていて、エスキモーやインディアンも、もとはユーラシア大陸からアラスカへ来たわけです。

僕は向こうでよくエスキモーやインディアンに間違えられることがあって、アラスカに住んでいる日本人からも間違えられるくらいなんです。顔の形とかもちょっと丸いので、すごく似ているらしいんですね。

僕が最初十九歳でアラスカに行ったときも、エスキモーの人たちが僕のことを「エスキモーボーイ、エスキモーボーイ」と呼んでいたくらいで、だいたいどこの村に行っても最初に聞かれるのは「どこの村から来たのか」ということです。初めて行ったインディアンの村で、ある家族が僕を飛行場まで出迎えてくれるはずだったんですが、飛行機が来るというのは彼らにとって大事なことなので、村人が飛行場に集まってくるんですね。僕は飛行機を降りて荷物を整理していたのですが、気がつくともう誰もいないんです。それで仕方なく自分でその家族の家に行って聞いてみたら、「ずっと日本人が降りてくるのを待っていたけど、とうとう降りてこなかった」と。

そういう経験は本当にたくさんあって、以前アラスカ鉄道に乗っているときに僕の後ろの座席にエスキモーの子どもが二人座っていて、途中から日本人の子どもがザックを背負って乗ってきたんですね。僕の方に来るので「あ、来るな」と思っていたら、僕を通りすぎて後ろのエスキモーに「日本人ですか？」と訊いていました。

そういうことを何度も経験するうちに、「自分はやっぱり彼らと同じモンゴロイドなんだな」と意識するようになりました。

僕の子どもが産まれたときもお尻が青かったし、エスキモーやインディアンにしてもモンゴロイドの青斑を持って産まれてきますから、そういうことを考えると同じ民族だという気がします。だからアラスカに暮らしていても、自分と白人との距離より、自分とエスキモーやインディアンとの距離の方が近く感じます。

見かけ以外に、恥ずかしがり方もとてもよく似ているんですね。

日本でもよくお客さんが家に来たときに子どもが恥ずかしがって隠れてこっちを見ていたりしますが、彼らにもそれと似た感覚がある。ちょっとしたことなのですが、僕はとてもホッとします。

話を戻しますが、そういうふうにアラスカの過去を考えるときに、僕の中でいつも一つの軸になるのがベーリング海峡です。それでベーリング海峡が繋がっていた時代はいつ頃なんだろうと考えたとき、一万八千年前という数字は分かっていても、感覚としてはうまくつかめないんですね。しかし人間の歴史を振り返ってみたときに、人間の一生の繰り返しを基準に一代一代遡っていくと、実はそんなに遠くないわけです。

日本で考えた場合、縄文時代を僕らは遠いイメージで捉えていますが、僕の先祖を一列に並べてみたら、縄文時代の先祖もたぶん顔かたちはそれほど変わらないんじゃないかという気がします。そしてアラスカにいると、そういう自分たちがたどってきた歴史との距離の近さを実感できるんです。

それを強く感じたのは、何年か前にベーリング海にセイウチの撮影に行ったときのことです。

エスキモーと一緒にセイウチを獲りに行くことになっていたんですが、天気が悪くて一カ月ほど待ってもいい風が吹かなくて、流氷がびっしり詰まっていたために猟に出られなかったんですね。それで五月になって流氷がなくなったときにはもう遅くて、その年はセイウチがあまり獲れなかったんです。

それでその家族がどうするのか見ていたら、「シベリア本土に獲りに行く」と言う。最初は冗談かと思っていたのですが、その家族の父親が毎朝シベリアの方を見ているんです。凪を見ていたんですね。それから十日ほどして本当にベーリング海を越えてシベリアに行くということになって、もちろん国境線を越えることは国際法違反なわけですけれども、「お前も来るか」と言われたので行くことにしたんです。

その朝、ボートに乗ってセントローレンス島を出ました。島といっても小さな島なので、島肌が見えなくなると僕らはすっかりベーリング海のまっただなかにいるんですね。進んでいくうちにだんだん霧が出てきて、視界が悪くなって、その三、四時間後には天気も悪くなってきたのでこれは危ないなと心配していたんです。そうしたら急に霧が晴れて、水平線の向こうにシベリアの山が見えたんです。そのとき、「こんなに近いのか」と思いました。本当に言葉が出なかったというか、初めてベーリンジアを感じた。つまりユーラシアと北アメリカがかつて繋がっていたということを自分の体で感じたんです。

なぜかというと、その海がとても浅いんですね。ベーリング海峡の一番狭いところの平均水深というのは六〇メートルくらいしかないんです。氷河期に地球上の水分がどんどん氷になっていって、海面が一〇〇メートル以上下がるわけですから、そう考えるとベーリング海に草原があったということを、歴史上の手記ではなくて、本当に体で感じることができるわけですね。

さっきも言いましたが、アラスカは日本人にとってもアメリカ人にとっても遠い場所です。それはきっと気持ちの上で遠いということだと思います。距離的にはとても近いんですね。なので今日は、なぜアラスカに人が住むのかという話ができたらと思っています。

一人は日本人の友人、もう一人はアメリカ人の友人の話をします。

日本人の友人は、今から五、六年前にアラスカに来たんですね。

南東アラスカという地域に来て、一緒に小さな舟でクジラを追う旅をしていました。そこは森と氷河に囲まれた場所で、たくさんの島があり、毎年ザトウクジラがやって来ます。僕が一カ月ほどその地域を旅したときに、その友人も一週間参加したんですね。

彼は普段は東京で働いているとても忙しい人で、一週間の旅だったのでクジラを見ることができるかどうか心配だったんですけれども、ある日一頭のザトウクジラに出合いまして、そのクジラとずっと一緒に旅をしていたような感じでした。いつも僕らの前にザトウクジラが泳いでいて、その後をずっとゆっくり追って旅をしたんです。

そのとき突然ザトウクジラが空中に跳び上がって、それをブリーチングというんですが、それはすごいブリーチングをしたんです。一瞬のことだったので写真を撮ることはできなかったんですが、ザトウクジラはその後も何事もなかったようにゆっくり泳ぎ始めた。

友人はその瞬間がとても強く印象に残っていたみたいで、彼が日本に帰ってから手紙をもらったんですね。その手紙には「アラスカに行ってとてもよかった」というふうに書かれていました。「自分が東京で毎日忙しい日々を送っているときに、ふとアラスカのことを思い出す。今自分が忙しい時間を生きているときに、ふと『アラスカではいま、ザトウクジラがもしかしたらブリーチングをしているかもしれない』って思うよ」と。

僕はその気持ちがとてもよく分かるんです。それは僕が初めて自然というものに興味を持った気持ちと重なっているからです。

高校生の頃だったんですが、すごく北海道に憧れていた時期があって、いつか北海道に行きたいと思っていました。当時、北海道はとても遠いところだったんですね。なぜそれほど憧れたかというと、北海道の本によく出てくるクマがいつも頭から離れなかったんです。東京で電車に乗っているときや街を歩いているときに、ふと北海道のことを考えて、今も北海道ではクマが生きているということが不思議でならなかった時期がありました。考えてみれば当たり前のことなのですが、今こうして話している瞬間にも北海道のどこかにクマがいて山を登っている、そのことが不思議でならなかったんです。

そのときは言葉にできなかったんですけれども、今考えるといろんなものに同じ時間が流れている、すべてのものに同じ時間が流れているということが不思議だったんだと思います。

そのときにもう一つ思ったのは、僕らは二つ目の時間を持って生きている気がするということでした。毎日いろんなものに追われて生きている時間と、もう一つ別の時間を持っていて、それが自然ということだと思ったんです。その友人はもしかしたら、そのもう一つの時間を確認するためにアラスカに来たのかもしれないと思いました。そしてそれはとても大切なことだという気がします。

もう一人、アメリカの友人の話をしたいと思います。

先ほども言いましたが、アメリカに住んでいる人にとってもアラスカは遠い場所で、特に東海岸のニューヨークやボストンに住んでいる人にとって、アラスカは地の果てのようなイメージなんですね。

ちょっとおかしかったのは、アラスカの人々はアメリカ本土の話をするときに「ロウアー・フォーティー・エイト」という言い方をするんですね。これは「アラスカより下にある四十八州」という意味なんです。僕もその言い方に慣れていて、初めてボストンに行ったとき、向こうの人と話していて「ロウアー・フォーティー・エイト」と言ったら、向こうの人はくすくす笑うんですね。どうして笑うのか不思議に思っていたら、ボストンは特に歴史的な街なので、彼らにとってアラスカというのは地の果てのようなイメージで、これだけの時間が経っていても新参者のような扱いなんです。でも、アラスカの人々にとっての「ロウアー・フォーティー・エイト」という言い方はどこか誇りが込められていて、ボストンの人にとってはそれがおかしくてしょうがなかったらしいんですね。

この話をしたのは、イーストコーストからアラスカに来た僕の友人の家族の話をしようと思ったからです。ずいぶん前に、なぜ人はアラスカに来るのかという内容の記事を書かなくてはならなくて、そのときにその家族の話を書こうと思いました。

彼らは僕がアラスカに来たのと同じ一九七八年にアラスカにやって来ました。

僕はその家族の息子とデナリ国立公園で偶然出会って、親しくなったんです。彼はアラスカ大学の学生で、僕もその年から同じ大学で勉強することになっていたので、なんとなく友達になったんですね。それから彼の家族ともだんだん親しくなり、でもその家族の歴史は全然知らなかったので、なぜマサチューセッツという東海岸の街からアラスカに移ってきたのかを考えていました。

それから二年ほど経ったある日、彼ら家族がアラスカに移住してきた理由をその友人が教えてくれました。その家族には全部で五人の子どもがいるんですが、実はもう一人、娘さんがいて、その娘さんが殺されてしまったんですね。それは悲劇的な事件で、彼女の友人に殺されてしまったのです。その二カ月後にお母さんはまだ幼い子どもたちを車に乗せて、マサチューセッツからアラスカまでドライヴしたんです。実はその年に僕は彼らに出会ったんですが、そのときはまだそのことを知りませんでした。マサチューセッツからアラスカまではものすごく遠い距離なんですね。なぜそのお母さんが子どもたちを乗せてアラスカに行こうと思ったかというと、彼女はひと冬をアラスカで過ごして、それでまたマサチューセッツに戻るつもりだったそうです。そしてそのまま十年以上アラスカに暮らしている。

その話を聞いて、なぜ人はアラスカに来るのかということを考えたときに、その家族の母親のことをぜひ書いてみたいと僕は思いました。

そのお母さんは、もし何事もなくマサチューセッツに暮らしていたら、普通の保守的な家族の母親だったと思います。僕は撮影から帰ってくると、よくその家族に呼ばれて夕食をご馳走になったりしていたんですが、そういうときにそのお母さんは僕の旅の話をとても熱心に聞きたがったんですね。本当に一生懸命僕の話を聞いて、やがて自分の足でアラスカの自然の中に入っていきました。北極圏のカリブーの話が特に好きで、息子の助けも借りながらですが、誰も行かないような原野に行って、キャンプをしながらカリブーの大移動を見たり、そういう旅を自分でも少しずつ始めていったんです。

今度は僕がそういう旅の話を聞いているうちに、だんだんそのお母さんのことが分かってきたので、そのことを書こうと思いました。それで、記事を書くときに許可を取らなくてはいけないと思って、「なぜアラスカに人が来るのかというテーマで、あなたについての記事を書いてもいいですか」と訊いたんです。お母さんは了解してくれて、その後日本語の記事を忠実に英語に訳して彼女に伝えました。僕はその記事を書くときに、一切インタビューはしないと決めていたんです。殺された娘さんの話も書いてあったので、お母さんはそのことを僕が知っているということにすごく驚いていました。彼女はそのことについてただの一言も喋ったことがない人ですから。つまり僕は、パットというそのお母さんがなぜアラスカに来たのかということを、勝手な想像だけで書いたのです。

その記事を書いていたときに思ったのは、「アラスカから力をもらいたかった」ということです。

僕もやはりアラスカに移り住もうと思ったときに親友が山で死んだりして、そういうところではお母さんと重なる部分があったんです。だから、お母さんにはアラスカの自然でなければならなかったような気がしました。アラスカには人間の小ささを圧倒するような自然の大きさがあって、それはアラスカの自然が好きか嫌いかということではなく、もっと大きな自然や命を感じさせてくれるんですね。最初はひと冬だけ滞在しようと思っていた家族が十年以上アラスカに暮らしている間に、お母さんだけじゃなくて、子どもたちも元気づけられていました。そういう力を自然は持っていると思います。

今はもう子どもたちも大きくなって、それぞれアメリカ中に散らばっています。お母さんも数年前にアラスカを去って、どこか次に住む場所を探して旅をしていると思います。

さっき二つの時間の話をしましたが、もう一つ思うのは、自然にも二種類あるということです。

僕は千葉県の市川で育ったんですが、市川に大町自然公園という猫の額ほどの森が残っています。アラスカから市川に帰ってくると、そこに自然があるということにすごくホッとするんですね。アラスカの自然が持っているスケールとはもちろん比べようもないのですが、でも自分の生活圏に小さな森があるということに安堵感を覚える。つまり、人間にとって二つの大事な自然があって、一つは身近な自然があると思います。京都に来てもそういうことをすごく感じます。北山であったり、そういう自然が残っているということは本当に素晴らしいと思います。

ではもう一つの自然とは何かというと、それは遠い自然だと思うんですね。アラスカの自然を思うときに、僕はいつも遠い自然ということを考えます。

アラスカはほとんどが原野なので、なかなか人が入ることができません。僕がいちばん大きなテーマとして撮っているカリブーの季節移動は、アラスカの北極圏を何万頭というカリブーが旅をするんですが、アラスカでも九九パーセントの人は見たことがないんです。僕もカリブーの大移動にいつでも会えるわけではなくて、今まで数えるほどしか出合っていません。

アラスカを旅していて、「あと百年くらい早く生まれていたらよかったな」という思いがいつもある中で、初めてカリブーの大移動に出合ったときに「間に合った」という気持ちをすごく強く持ったんですね。もう千年も二千年も同じような時間が流れていて、今も同じようにカリブーが旅しているということが、本当に不思議な気がしたのです。

現在北極圏で一番大きな問題は、油田開発を進めていくか、それとも自然を守っていくかということで、この論争はもう二十年くらい続いています。

何年か前にアラスカの州知事が言った言葉が忘れられないのですが、「北極圏を守れと言われても、そこには誰も行くことができないし、カリブーの季節移動も誰も見ることができないのだから、それはどうでもいいことで、もっと人間のためになる油田開発を進めるべきじゃないか」と。その州知事の言い分も理解できますが、人間が行けないからといってその自然を守らなくてもいいのかというと、僕はそうでもないような気がしたんです。

北極圏で油田開発が進んで、オオカミやカリブーの大群が消えてしまっても、たしかに実際の僕らの暮らしは基本的に何も変わらないかもしれない。でも、その中で確実に何か失っていくものがあると思うんです。

それは、想像するということです。もしオオカミが本当にいなくなったら、オオカミを想像できなくなる。でも、そこにオオカミやカリブーがいれば、たとえ実際にそれを見ることができなくても、自分の意識、想像力の上での豊かさのようなものをもたらしてくれる。そういう意味で、遠い自然というのは近い自然と同じくらい人間にとって大切なのだと思います。油田開発か自然保護かという問題は本当にむずかしくて、自然保護と言うことは簡単だけれど、そこにはいろいろな問題があるのです。

例えばアフリカのセレンゲティなどでは一頭のライオンを観光客が囲んで見ているシーンをよく見かけますが、そういうシーンをアラスカの自然と比較したときに思うのは、「あのライオンは生き延びるだろうな」ということなんです。

これは極論になるかもしれないけれども、ケニアやセレンゲティは観光客が訪れることでお金になるわけです。でもアラスカではなかなか人が北極圏に入ろうとしない。そういうお金にならない自然は、大きな試練にぶつかったとき、簡単にひっくり返ってしまう。アラスカの野生はそういう脆さを持っている気がします。

そんなふうにアラスカの自然について考えていくと、これから少しずつ変わっていくのかなという気がします。そして、アラスカに暮らしている人々、とくにエスキモーやインディアンの暮らしもだんだん変わっていく。僕らはなんとなく外から見ていて「昔のままだったらいいな」とか「変わらないでほしいな」という思いを持つわけですけれど、でも、僕はそれでいいんだと思うんです。僕は「アラスカにはこんなすごい秘境が残っている」とか、そういうことにはあまり興味がなくて、いちばん興味があるのはこれからエスキモーやインディアンの人たちがどういう生活をしていくのかということです。

例えば、エスキモーの村に行くと、今はもう犬橇《ぞり》はほとんどなくなってしまっています。スノーモービルに変わっている。そこに暮らしている人々にとってスノーモービルの方が楽なんですね。犬の世話もしなくていいし。でも、スノーモービルに皆が満足しているかというと、やっぱり故障もあるわけで、そうすると彼らの中には不安もあるわけです。それで彼らはどうするかというと、犬を村に残しておくんですね。もう犬橇はやらないけれども、犬はみんな飼っている。

昔ながらの伝統的な暮らしを残したいという理想と、より楽で便利なものに魅かれるという現実があって、その間を行ったり来たりしながら、少しずつ生活が変わっていく。以前、エスキモーと生活をともにしていた人が「エスキモーの人たちの暮らしが変わってしまって自分はもう興味がなくなった」と書いていたのですが、それはそこで暮らしている人には辛い言葉だろうなと思います。皆、少しずつ変わっていきたいし、アラスカの自然も変わっていく。その中で皆がどういう選択をしていくのか。

アラスカの自然を保護するか開発するかというのは本当にむずかしい問題で、でもその問題はどこかで自分たちとも繋がっている。遠い世界の出来事ではなくて、日本で暮らしていてもきっと同じような問題はあるはずで、そういうことを僕はこれからもアラスカで見ていきたいと思っています。

第九章

百年後の風景

1996年5月12日、山梨県八ケ岳自然ふれあいセンターにて
行われた講演。午前・午後の2回行われた講演の午前の部。

この時期にアラスカから帰ってくるのは本当に久しぶりのことで、ここに来るまでの小海線の中ではすっかり新緑に見とれてしまいました。ちょうどアラスカも新緑が始まる頃なんですが、広大ですから春の訪れ方が地域でまちまちなんですね。僕が今暮らしているフェアバンクスはもうすっかり春めいていましたが、その前にいたエスキモーの村はまだまだ冬の真っ直中で、ベーリング海も氷に覆われていました。

今日ここでお話しすることはずいぶん前から決めていましたが、何カ月も前に日取りを決めるにあたって、クジラ漁のことがとても気がかりでした。いつ漁が始まるかというのはその年によってずいぶん違うんですね。まあ五月の中頃であれば大丈夫だろうと決めたのですが、ちょうどシーズンに当たってしまった。それで村を後にするときに、エスキモーの皆が聞いてくるわけです。どうして今帰るのかと。クジラ漁を前にして日本に帰り、しかも一週間してまた戻ってくるということが皆の頭の中ではどうしても理解できない。想像できないんですね。そもそも日本という場所が彼らの頭には遠すぎる。ですからフェアバンクスに用事があるので、一週間で戻ると嘘をついて出てきました。その距離と時間であれば彼らにも思い描ける。そうか、ミチオはフェアバンクスに行って一週間で帰ってくるんだなと。それで一昨日、本当に慌てて帰ってきました。

今年のアラスカは氷の状態が悪く、なかなかクジラ漁ができません。そもそもどうしてクジラ漁ができるかというと、今の時期はまだベーリング海から北極海にかけて氷がびっしりと張っている。それが四月から五月ぐらいにかけて、次第に風向きが北から南へと変わり、さらに潮流の関係で氷が少しずつ動きだすんですね。そして氷海にリードと呼ばれる小さな海ができる。村からどれほど離れたところに開くかは誰にも分からないわけですが、リードができると彼らはウミアックという自作のボートを漕いでクジラを追うことになります。

ウミアックというのは、アゴヒゲアザラシ八頭分ぐらいの皮をつないで作ります。十年ほど前に初めてクジラ漁に行ったとき、一艘だけ近代的な木製の舟を使ったクルーがいましたが、全然遅いんですね。漁では一切モーターは使いませんから手で漕ぐんですが、僕らが知っている木のボートよりウミアックの方がずっと静かで速い。

このウミアックを持っているのは、だいたい村の長老です。漁の頭領は若者を一つにまとめるだけでなく、クジラ漁の間彼らを養わなくてはならないので、やはり力を持った人たちに限られる。実際にはウミアックに乗りはしないんですが、長老がすべての実権を握っているわけです。

ウミアックは一つの村でだいたい十五艘ほどになるでしょうか。リードができると一艘ごとに一つのグループを組んで、氷上にずっと道を作りキャンプを張りながら動きます。というのも、クジラは南から渡ってきますが、哺乳類なので呼吸をしなくてはならない。ですから彼らはリード沿いに呼吸をしながら上ってくるわけです。

それからクジラ漁のチーム、つまりウミアックに乗る人数ですね、それはだいたい六人から八人ぐらい。その一番前に座る人をハプーナーと呼び、彼が最後にクジラに近づいたときにハプーン（銛）を撃つんですね。昔からの決まりで、クジラ漁が終わって一カ月ぐらい、だいたい六月の終わりにその年に獲れたクジラに感謝するお祭りがあるんですが、その日にちを決定できるのは最初にクジラを射止めたクルーのキャプテン、ハプーナーなんです。それほど名誉あるポジションですから、若者は誰もがハプーナーになるのを夢見ます。

しかし誰でもクジラ漁に参加できるかというとそうではない。十歳頃からずっと修行をしていかなくてはならない。クジラ漁はキャンプを通しての待ちの漁です。何週間も氷の上でクジラを待ち、リードがいちばん良く開くのを待ち続ける。ですからその間、テントの中で誰かがストーブを焚いていなくてはならない。皆が疲れて眠っているときに、一晩中アザラシの脂と流木を混ぜた燃料を火にくべる番をする。それが子どもの仕事です。かといって自分の親のチームに入れてもらえるかというとそうではなくて、どこか他のチームに出されるんですね。そうすると、やはりできる子どもの評判が立つ。あの子は良かった、といった具合に。そうやって長い時間をかけて、ハプーナーへの一つの仕組みが昔からできているんです。

クジラ漁というのは村の一年の暮らしの中でとても大きな部分を占めていますから、

この時期に村人は一体になるんですね。クジラ漁が終わって夏が来ると、それぞれアザラシなどの猟に出る。でもクジラ漁だけはまったく違うものとして皆の意識の中にあります。一つにはクジラの巨大さ。それを射止めること自体に誇りがある。それから皆が一体になって動くという、昔からの村のかたちがあるからなんです。

今はクジラ漁をめぐっていろいろな問題があるので、コート制といって、村ごとに今年はこの村は五、この村は十、この村は二といった具合に数が与えられています。でもそれは、例えば五と与えられたからといって五頭獲っていいということではない。この数は五回ハプーンを投げられるということなんです。つまり一回ハプーンを投げて失敗すれば、それは一と数えられてしまう。この制度には良い面と悪い面があって、良い面というのはやはりクジラを無駄に撃たないという国際捕鯨委員会の思惑ですね。まあそういう面もきっとあるとは思いますが、一方では若者たちに猛烈なプレッシャーをかけてしまう。自分が撃ったハプーンがもし外れたら、自分が悔しいだけでなく、村全体の問題に関わってくるわけですから。

ただその中で彼らの知恵だなあと思うのは、自分の村が五、他の村が二という割り当てだったとします。クジラ漁はその年の氷の状態や村の位置関係によってまったく変わってきますから、事前に一頭も獲れそうもないと思った村は、自分たちの数を他の村に一つ譲る。その代わりに回ってくる肉を確保するんですね。クジラを切ると表皮、その下の黒い表皮、その下が脂になっている。その表皮と脂の合わさった部分をマクタックというんですが、彼らの大好物で、その部分は村の中だけでなく、村と村との間でも分けられていくんです。

このクジラの肉の分配のされ方がまた面白くて、ウミアックでクジラを射止めても、一艘では引いてこれない。だからクジラが獲れたというニュースが入ると全員がわれ先にその場所に向かう。昔からのしきたりで、早く着いた順に分け前の場所が決まってゆくからなんですね。そして皆で引いて帰って、皆で陸に引き揚げて、お祈りも皆がクジラの周りに集まって祈る。

そうしてまず仕留めたクルーが解体にかかるんですが、もちろんここでも皆が助け合って行います。解体の仕方は昔から決まっていますから、年寄りが必ず周りについて指示を与えながら作業は進みます。若者はその方法や手順をその場で学んでいくんですね。その光景はとても感動的です。もちろん大きなクジラがだんだん小さくなっていくということも見ていて圧倒されますが、もっと感動的なのは年寄りがとても大きな力を持っていて、若者が彼らの知恵を必要としているということ。それはいつ見てもいいなあと思います。

それで肉がすべて村人に分けられて、最後に顎骨が残る。それを皆で海に返すんですが、そこにも一つの宗教的な儀式の意味があるんですね。つまり、もう一回また来年戻ってくるようにという。また分けられた肉についている骨もいろんな形で身の回りのものに姿を変え、あるいは村の墓地の墓標として立てられたりします。その場合でも一番大きな骨が刺さっているのは、クジラ漁の長老のお墓です。そうやってクジラのいかなる部分も無駄にされたりはしない。つまりクジラ漁は、本当に皆が生きていくためにする漁なんです。彼らの生活形態は少しずつ近代的になっていて、家に帰ればテレビがあったりと、どんどん変わっています。しかし自然のサイクルの中で、その恵みがシーズンごとにやってくるという狩猟生活の基本は何も変わらない。クジラ漁の時期に村にいると、そのことがよく分かります。

何週間も何週間も待ち続けてやっと良いリードが開いた晩、ウミアックが五〇メートルから一〇〇メートルの間隔で氷上に並べられる。そして真夜中になって、といってもその頃は白夜の季節なのでぼんやりとした明るさなんですが、とても静かな夜の中を、はるか遠くから僕らの方へ向かって一頭のクジラがリード沿いにやってくるんですね。それを皆シーンと待っている。やがて一斉に何かの合図とともに十五艘のウミアックが氷から海にザッと入っていくのかといえばそうじゃない。本当に同時に、音もなく十五艘が氷を離れて海へと、一頭のクジラへと滑り出していくんです。その光景の美しさといったらもうたとえようもないんですね。

そんなクジラ漁ですから、漁が迫ってくると若者たちの顔つきも変わってきます。村にいるときにはなんとなくどうしようもない奴だな、なんて思って見ていた奴がすごく頼もしくなる。ああいうのを見ていると、やはり狩猟民族が持っている自然と人間の関わりを感じます。クジラ漁というのはアメリカではなかなか認められない。エスキモーのクジラ漁でもそうですね。でもこればかりは実際にその場に行ってみないと分からない。どれだけ彼らとクジラのつながりが強いのか。どれだけ彼らがクジラに対して畏敬の念を抱いているのか。本当にその場に行ってみないと分からないはずです。

アラスカ全体に目をやると、クジラ以外にも興味を引く動物はたくさんいます。中でも僕が魅かれるのはカリブーという動物で、個体としてよりも、その大きな群れに興味があるんですね。どうしてかというと、僕の中にはいつももうちょっと早く生まれていればよかったという思いがあるからなんです。もし百年前に生まれていればエスキモーの人たちの昔の暮らしを見られた。大平原をさまようバッファローの姿はもうアメリカンインディアンの伝説でしか知りえませんが、そういうこともも
う少し早く生まれていれば見られたのにという思いがどこかにある。

ですからアラスカでいろんな旅を繰り返す中で、アラスカ北極圏を大きく季節移動していくカリブーの群れに出合ったとき、間に合ったなという思いをとても強く持ったんですね。その光景は何千年も前と何も変わっていない。これまでに何度も何十万頭というカリブーの群れが、僕のベースキャンプを通りすぎていきましたが、それはものすご

い壮大な風景なんです。朝、一頭のカリブーも見えなかったのに、地平線からその姿が見えてきて、だんだんだんだんだん増えていく。しまいには地平線すべてを埋めて、ずっと僕のベースキャンプに向かってきて、六時間か七時間もかけて全部の群れが通りすぎて、そして向こう側の地平線に消えていって一頭もいなくなってしまう。しかもそれを見ているときには、周りには他に誰もいない。観光客がいっぱい見ているわけではなく、自分一人で見ている。すると自分が昔々に戻ってしまったような、そういう世界がまだ残っているような、すごく不思議な気持ちになるんです。

アラスカ北極圏のエスキモーやインディアンたちは、今でもそんなカリブーの狩猟生活に依存しています。自分が子どもの頃に描いていた、でももう絶対になくなっていると思っていた世界がまだ残っていたと、まだ間に合ったんだという気持ちが込み上げてくる。その意味でカリブーは僕にとって特別な存在なんですね。

とはいえアラスカに暮らしていると、やはりエスキモーやインディアンの人たちがいろんな問題を抱えていることが分かります。例えばアル中の問題ですね。アンカレッジの町で道路に倒れていたり、そういう彼らの暮らしに触れるとすごく悲しい気持ちになります。僕はインディアンの人たちの集まりがあるときにはなるべく行って、彼らの考えていることを耳にするようにしているんですが、そこで感じるのは、なんとかしていかなければいけないという彼ら自身の力ですね。けれど、彼らのことをよく考えたときに、実はいろんな問題が彼らの周りにない方がおかしいんですね。例えば僕らの場合は、百年前と今とでは暮らしも大きく違うけれど、その変化というのはゆっくりしたものでした。しかしエスキモーやインディアンの人たちの場合、一世代で古代から近代に渡ってしまったような変化なんです。

ですから自殺やアル中、あるいは年寄りとのギャップや油田開発の問題などを見るときには、二つの見方があると思うんです。一つはやはり否定的な見方ですが、もう一つは必要悪という考え方。一人の人間に置き換えてみても、スランプに陥っているときというのは逆にいえば可能性を秘めている時期ですね。次に変わっていく可能性に溢れている。だから僕もそういうふうに彼らの今を見てあげたいと思っているんです。

そして若者たちの間には、こうした問題に対してなんとかしなくてはいけないという、そういう思いがとても強くある。それも最近では、とくに年寄りの世代への憧れとなって表れています。一時期は彼らは西洋文明に憧れていましたが、逆に今は年寄りに対する思いというのがすごく強い。だから、彼らの状況も少しずつ変わっていくんだと、あくまでも今はその中間の、次の時代に入っていくためにいろんな問題を抱える時期なんだと見ています。何の問題もない完全な世界というのはあり得ないし、むしろそういう矛盾を抱えた人間の暮らしがあるからこそ僕はアラスカに魅かれるんですね。人が暮らせば、そこには必ずいろんな問題が生まれます。もしアラスカに人が暮らしていなくて、美しい自然だけだとしたら、僕はアラスカにそれほど魅かれなかったでしょう。

彼らがそこで生きていく以上、やはり何らかの選択をしていかなくてはならない。そのときに、彼らがどんな選択をするのかということにとても興味があります。たとえよりよい選択をしたとしても、また必ず次の問題が出てくるわけですから。つまり……これにはゴールがないんですね。こういう社会であるべきだという絶対的な規範も、環境問題のない世界も、最終的な解決もない。あるのはそれでもなんとかよりよい選択をしようとする力だけなんです。

これは少し的外れな例かもしれませんが、昔あったシャーマニズムの世界はアラスカでは今はもうほとんどなくなっています。宗教ということでいえばキリスト教が大きな位置を占めている。そこにはたしかにキリスト教がアラスカのネイティヴな宗教や歴史を奪って、非常に暴力的に排していった歴史があります。それを否定的に見ることはできると思うんですね。けれどただ否定的に見るだけではどうも簡単すぎると思うんです。そこに暮らしている人たちにとってどうだったかといえば、たしかに彼らはある世界を失った。でも逆にシャーマニズムの中でがんじがらめにされていた面もあるわけで、そこから解き放たれた意味も見逃せないんですね。なんとなく外部の立場から見るとキリスト教が浸透していったことはひどいんじゃないかということになるけれど、でも実際にそこに暮らす人たちは非常に巧みに、キリスト教の両方の面を計りながらうまく取り入れている部分があるような気がします。

ですから、ちょっと漠然とした言い方になりますが、ゴールというのはそれほど大切なものではない。むしろ、次の時代の中でどういうふうに自分たちがよりよい方向を選んでいくか模索する、そのことが僕にはいちばん大切なことのように思えます。地球の一千年後というのはきっと誰も想像できない。誰もそこまでは責任を持てないでしょう。でも百年ぐらいの範囲であれば、なんとか自分たちの中で責任が持てる。いい方向に持っていこうという模索はできると思うんです。犯罪のない社会はどこにもないし、犯罪がまったくゼロの社会というのもなんとなく怖い。だとすれば僕たちはそういうものを持ちながら、そのすべてを含めて進んでいかざるを得ない。いつも理想と現実があり、どこかでその両者に折り合いをつけていかなくてはならない。そこのところがやはりいちばん大切なんですね。

話は少しそれますが、アラスカを旅していて怖い体験をしたことはないですかとよく訊かれます。もちろん、いっぱいありますね。キャンプした朝、寝ぼけ眼でテントの入口を開けたらクマの顔がひょっこり、なんてことも何回もあります。でもそれは今から考えると怖いと感じるだけで、その場ではなんとなくどうにかなってきた。ただ本当に危ないケースというのは、子連れのクマの場合ですね。自分が子グマと親グマの間に入ってしまうことがある。上から見ればすぐに分かる位置関係が、地上では草むらや何かで見えなくて、自分がちょうどその真ん中に入ってしまうケースがあるんですね。そうするとすごく危ないんですが、きちんと注意を払っていればだいたい大丈夫だと思います。

夏のキャンプと冬のキャンプでは何が違うかというと、夏はやはり無意識にクマのことがいつも頭にある。冬は寒いんですがクマは冬眠しているのでその危険を考えなくてもいい。だから気持ちがどこか解放されています。ところが四月に入ってもその気持ちのままキャンプをしてしまうことがあって、ハッとすることがあります。でも本当にクマに襲われるケースというのは少ないと思うんですよね。クマも人間を本当に襲いたいと思っているわけではないし……。北海道のヒグマもけっこう大きいと思うんですけれど、でもそういう恐怖心を持てるということは、すごく贅沢なことだと思います。

僕らとエスキモーの顔つきというのはまったく同じです。おかげでクジラ漁である村に行ったときも、昔からの知り合いのようにすごく面倒をみてくれる。とくに僕なんかはエスキモーに間違えられることがとても多くて、すごく村に入って行きやすいんですね。顔が似ているというのは、お互いにホッとする部分があって、ある家族は、僕のことを本当の親のような感じで「自分の息子だ」と紹介してくれるんですね。唐突なようですが、向こうで一緒に暮らしていると全然そんなことはない。本当に同じ民族だなと。暮らしている世界は違うけれども感じ方は本当によく似ているんですよね。これは当たっているかどうか分かりませんが、僕がいつも思うのは、恥ずかしがり方がそっくりなんです。よく日本で子どもが、お客さんが来たときに柱の陰にそっと隠れて見てることがありますね。そういう感覚は、彼らもまったく同じなんです。なんでもないことだけれども、そういうちょっとした感覚が似てるというのはとても大きなことだと思います。

今までアラスカにいて、日本人にすらよくエスキモーに間違えられることがありました。アラスカ鉄道に乗っていたとき、僕の後ろにエスキモーの若者が二人座っていた。そこへ日本人の若者がザックを背負って入ってきたんですね。僕の方に来るので、ああ、日本人だから話しかけるのかなと思っていたらそのまま通りすぎて、後ろのエスキモーに、日本人ですかって訊いている。

また、初めて行ったインディアンの村で、ある家族が僕を受け入れることになっていて、空港で待っていてくれたんですね。空港といっても滑走路は砂利道で、そこに十人乗りくらいの飛行機が着く。それでも村ではけっこうな行事ですから村人がワアーッと集まってくるんです。ですからどれが僕を待っている家族なのか分からない。でも、すぐに見つけてくれるだろうと荷物の整理をしていたんですが、気がついたら村人が誰もいなくなってしまった。それで後でその人の家を訪ねたら、ずっと待ってたけれども日本人は誰も降りてこなかったと言うんです。そういうことを何度も何度も経験すると、やっぱり自分はモンゴロイドなんだなと実感します。

食べることに関しても似たようなところがありますね。彼らの食生活は本当に豊かなんですね。白人の友達に、おまえたちより彼らの方が絶対豊かな食生活を送ってるんだと言っても彼らにはなかなか理解できない。でも日本人の食の感覚は彼らのそれとすごく似ている。アザラシの干肉でもクジラの肉でも、日本人ならきっと何の抵抗もなく食べられるはずです。

この「食べる」ということはすごく大切なことで、同じものを食べてくれるというのはすごく嬉しいことなんですね。例えば日本の醤油に似たシールオイルというアザラシの脂を溶かしたものがあるんですが、特別な匂いがする。でも彼らの食生活には欠かせなくて毎食出てくるんです。それでシールオイルが出てくると、皆見てるんですよね、僕がそれを食べるかどうか。食べても食べなくても何も言わないんですけれど、やっぱりそれを食べると嬉しいんですよ。その感覚はすごくよく分かります。日本人が、アメリカ人がお刺身を食べてくれないとやっぱり悲しいように。もちろん環境が全然違うわけだから許してもいいはずなんですが、どこかで受け入れられない部分がある。音楽の趣味が違ってもこだわらないんですけれど、自分たちが食べているものを拒否されるのはすごく辛い。だから食生活というのは他の人たち、他の民族と向き合うすごく大事な一歩だという気がします。

ただアラスカにどんなに長く暮らしていても自分はやっぱり日本人なんですね。アラスカがすごく好きですけれども、そうであればあるほど逆に日本も好きになっていく。うまく言えないけれども、例えば日本にいるときに面倒くさいと思っていたようなこと、全然つまらない話ですけれどもお中元とかお歳暮ってありますね。以前はなんであんなことするのかなって思っていたんですが、向こうで暮らしていると、その昔からの意味というか、しきたりがもつ意味というのが理解できてくる。まあお歳暮に限りませんけれども、全然違う世界に入っていくと、むしろ足元の暗がりがよく見えてきます。

だからアラスカのように本当に自然が大きくて広い世界から日本に帰ってくると、ごちゃごちゃと細かい造りの自然を前にして、それが嫌いになるかというとそんなことはないんですね。逆にものすごく懐かしい。もちろんスケールはまったく違います。でもそれはアラスカの自然とアメリカ本土の自然を比較してみても同じなんです。例えばアメリカにはイエロー・ストーンとかグランド・キャニオンといった国立公園があります。日本から行くとやはり壮大な自然だと思うんですが、アラスカの自然と比べると本当に小さな自然です。イエロー・ストーンというのは、その周りをすべて人の暮らしに囲まれてるわけですね。それで唯一残った、守られたところがイエロー・ストーン国立公園です。アラスカの場合はその逆です。デナリ国立公園という壮大な公園があるんですが、アメリカの国立公園と比較しても本当にワイルドな場所です。でもアラスカ全体から見たときに、そこはいちばん人が入っている地域なんです。つまり逆の世界なんですね。

アラスカのほとんどは、もう何がなんだか分からない世界。セスナで北極圏に向かって飛んでいても、ひたすら原野が何十キロ、何百キロと続いていく。それがアラスカが今も持ち続けている自然なんですよ。

一方、日本の自然はといえば、もちろんスケールとしては比較にならないわけです。でも大きな自然が良くて、小さな自然が悪いかというとそんなことはない。二つはまったく違う自然なんです。よく友人と話すんですけれど、人間にとって大切な自然というのは必ず二つあって、一つは身近な自然だと思うんです。自分たちの暮らしの中の自然。日本で触れる自然ですね。

アラスカの自然はそういう自然ではなくて、遠い自然なんです。それはアラスカに暮らしている人にとっても遠い。カリブーの季節移動も、アラスカに暮らしている人のほとんどは見たことがない。オオカミが昔と同じように残っていても、誰もオオカミなんて見たことがない。それだけ懐が深いというか。でも人が目にできない自然は大切ではないかといえばそんなことはない。遠い自然の大切さというのは、つまり自分が想像する自然だと思うんです。そこに行かなくても、まずそういう世界を持っているということで、なんとなく人間を豊かにする自然。例えばアラスカにオオカミが一頭もいなくなってしまったとしても、僕らの生活は何も変わらないわけですね。遠い自然ですから。でもやはり想像の中で、アラスカからオオカミがいなくなってしまったら、僕たちは大きなものを失うことになる。実際にそこに行かなくてもよい、でもそこにあることで豊かにしてくれる自然というものがあるんですね。遠い自然の大切さと近い自然の大切さ。アラスカの自然と日本の自然を比較したときに、そんなことを考えます。

第十章

インディアンたちの祈り

1996年5月12日、山梨県八ケ岳自然ふれあいセンターにて行われた講演。午前・午後の2回行われた講演の午後の部。

この時期に日本に帰ってくるのはとても久しぶりで、小海線からの新緑がとてもきれいで懐かしく見えました。今アラスカはちょうど春になろうとしています。僕のいるフェアバンクスももう少しで新緑の季節を迎えます。

きっと皆さんはアラスカに来られたことがないと思うので、季節感がなかなか分からないと思うのですが、今の時期というのは日照時間がとても長くて夜がほとんどないんですね。少し前までは逆に昼間がわずかしかなかったのに、三月ぐらいから一日にだいたい七分ぐらいずつ、十日で一時間といった具合に日照時間が長くなる。ふと気がつくともう夜がなくなっていて、夏至まであと一カ月となった今では夜中に起きて空を見上げても真っ黒じゃなくて青っぽい。太陽は沈んでるんですが、地平線の向こうにちょっと隠れてるだけなんです。

初めにアラスカの四季を、向こうの暮らしと合わせて簡単にお話しししたいと思います。アラスカは広大ですから、フェアバンクスに春の気配が漂っていても北の方に行くとまだまだ冬。一昨日までエスキモーの人たちの村でクジラ漁をしていたんですが、そこは完全に冬の世界でした。

今日の日取りはずいぶん前に決めたんですが、実をいうと、この時期にはまだクジラ漁はないだろうなと思っていたんですね。去年は六月に入ってからだったので、今年もたぶん五月であれば大丈夫かなと。それがちょうどぶつかってしまって、先日までみんなと一緒に北極海の氷の上でクジラを待ちながらキャンプをしていました。でもどうしてもこのために日本に一週間帰らなくてはならない。そのことをどうやって皆に説明したらいいか分からず、とうとうフェアバンクスに用事があると嘘をついてきました。そうしないと皆の中で絵が描けないんですね。つまり、ほとんどの人はアラスカを出たことがないものですから、アメリカの地図ですら明確じゃない。そうすると日本は本当に遠くて、クジラ漁を目前に一週間日本に帰ってまた戻ってくることなんて絶対に想像ができない。それでちょっと嘘をついて、慌てて帰ってきたわけです。

クジラ漁が始まったということは、アラスカに春が近づいている一つの徴です。でもそこに暮らしている人の心にはまだ春が来てないんですよね。それはどうしてかというと、たしかにそろそろ芽吹きはあるんだけれどユーコン（川）の氷が割れていない。やっぱりユーコンが開かないうちはみんなの気持ちの中で春は来ていないんです。もうずいぶん前にユーコンがちょうど割れる瞬間に居合わせたことがあるんですが、それは本当に感動的でした。半年の間ずっと凍りついていた川が、一瞬のうちにボーンという爆発音とともに一斉に流れ出す。皆の気持ちの中ではその瞬間が春の訪れの合図なんです。

もう一つ春の話をすると、先月、クマが冬眠する巣穴に行ったんですね。友人でクマの研究、とくにフェアバンクス周辺のクマの冬眠について調べている男がいて、今年は巣穴の一つに子グマがいる。しかもその巣穴が、町の真ん中を走るハイウェイの行き止まり、その川向こうにあるというんですね。そもそもどうやって冬眠の調査をするかというと、夏の間に何頭かのクマにレディオカラーという発信機をつけておきます。ところが冬の間にバッテリーが切れてしまうので途中で交換しなくてはいけない。それで、まずセスナでずっとフェアバンクス周辺の山を飛び、電信をたどってどの辺りの谷にクマが冬眠しているかを突き止める。そして翌日に行けるところまでは車で、その後はスキーなどで山の中に分け入っていくんです。

この巣穴を見つける作業はとても面白くて、アンテナを持ちながら場所を突き止めてゆきます。それでも最後の一点がなかなか分からない。そこで彼らは雪面にじっと目を凝らして、僕なんかには絶対に分からない小さな小さな呼吸穴を見つけだすんです。見つけた瞬間から皆の声が急に小さくなる。やっぱり皆緊張してくるんですね。まずはクマが起きないように麻酔を打つんですが、その前に本当に巣穴にクマがいるかどうか確かめなくてはならない。それでスコップで呼吸穴の雪を少しずつ掻いてゆくと雪の下にポカッと大きな穴が開く。でもまだ本当にそこにクマがいるかどうかは疑問なんです。もしかしたら発信機が外れて中にあるだけかもしれない。調査は五人で行ったんですが、それを確かめる役割の人がいるわけです。それで、彼は懐中電灯を持っておそるおそる巣穴に頭を突っ込んで覗く。すると案の定クマがいて、それで前足でフッてかかれたみたいなんです。なんかその瞬間を想像するとおかしくて堪らないんですね。というのは逆にクマもびっくりしただろうと思うんです。半年の間、ずっと真っ暗な中で眠ってい て、急に光が入ってきたと思ったら人の顔が近づいてくるわけですから。

ちなみにクマにばったり出合ってしまったらどうすべきかというのは、アラスカでも永遠のテーマなんですね。でも誰も正しい答えは持っていない。ただ僕がいつも感じるのは、みんな二つの間違いを犯すんだと思います。一つは怖がりすぎること。それはやっぱり危険で、クマと出合ったときにはクマの方も怖い。だからクマもとっさに判断するわけですね。怖いから襲うか、怖いから逃げるかと。そういうときに自分が落ち着いていると、きっとその気持ちは伝わると思うんです。犬でも犬嫌いな人をすぐに察知するでしょう。もちろんクマにもそういう感覚があるから、やっぱり怖がりすぎるのは良くない。それからもう一つは、まったく気にしなさすぎるということ。キャンプをしているときにはつねにどこかで気をつけていないといけない。食糧や何かのことでルーズになると絶対にダメですね。

それで、巣穴にクマがいることを確認したら長い棒の先に麻酔の注射をつけて、それをサッとクマのお尻に打つ。それから十分ぐらい待って、本当に眠ってるかを確かめてからクマを巣穴から出すんです。結局、子グマは二頭だったんですが、子グマが一緒なのを見たのは初めてだったのですごく感動しました。

この麻酔が効いているのはだいたい一時間ちょっとです。その間に全部の作業を終えなくてはならない。体重を測ったり、血のサンプルを採ったり、でも普段は野生のクマなんて触れられないですよね。それで僕がいつもやるのが、クマの体に顔を埋めて匂いを嗅ぐことなんです。そうするとすごくいい匂いがするんですよ。野生の動物というのはなんとなく汚いとかくさいというイメージがあるかもしれませんが、本当はそんなことはぜんぜんなくて、野生のすごく香ばしい匂いがします。

そうこうするうちに一時間近くが経つとクマが起き出してくるので元の穴に戻します。出すことより戻す方が大変なんですね。子グマはとくに濡らさないように、雪がつかないようにしてやらないと、それが溶けて体温が下がって死んでしまう可能性がある。そうやって慎重に元の位置に戻して、雪をかけて穴を埋めると、もう最初にあった風景と何も変わらない。毎年ではないんですが、何度も一緒に行っているうちにこうしたクマの巣穴の調査にアラスカの春を感じるようになってきます。今はもうあのクマの親子も巣穴から出ているはずですね。

それからしばらくすると白夜の季節がやってきます。この夏がやってくると、友達に会うということがめっきりなくなるんですね。冬がすごく長いので、夏になったらやりたいと心待ちにするようなプロジェクトが皆の頭の中で膨らんでいる。それで、いざ夏が来ると、友達と会っている時間がもったいないくらいに動き回るんです。夏はまさにそういう感じで慌ただしく過ぎていきます。しかも太陽が沈まないから時間の感覚がない。子どもたちが野球をやるにしても、ダブルヘッダーの第一試合が夜の七時くらいから始まって、その後に第二試合もやれてしまう。それぐらい一日の時間が長い。アラスカで暮らしていると、だからいつも太陽の動きを気にしながら生きているような気がします。日本では太陽が一日にどのように弧を描いて動くかなんて気にならないと思いますが、アラスカではとくに冬から夏にかけては太陽が極端な動き方をするので、皆気持ちの中で太陽を追いかけながら暮らしているんですね。

秋になるのはだいたい八月の終わりぐらいでしょうか。この時期は本当に紅葉が素晴らしくて、ツンドラがブルーベリーだらけになります。アラスカには土産の果物がないので、この季節になるとスーパーマーケットに空のジャムの瓶がずらっと並ぶ。みんなそれを買って家に持ち帰り、ブルーベリーやクランベリーを集めてジャムを作ります。それを冷凍しておくんですね。もし初めてアラスカに来られるのであれば、僕はこの時期をお薦めします。

ちょうどオーロラが見え始めるのもこの頃です。きっと皆さんはオーロラは冬というイメージを思い描いていると思うんですが、実際には一年中あるんですね。ただ夏は白夜で見えない。八月に入ってだんだん夜が暗くなるにつれて見えるようになってきます。

それはとても嬉しい時期の到来で、やはり白夜が続くと皆疲れてきて夜が恋しくなるんですね。だから八月の半ばになって本当に久しぶりに満天の星空を見たときの嬉しさ、安心感といったら格別なんです。二十四時間明るいせいで動きすぎてしまった疲れを、自然がゆっくりとスローダウンしながら癒してくれる。そして秋になるとまたなんとなく皆が集まり始めるんですね。パーティーに呼んだり呼ばれたり。再びそういう季節がやってきます。

僕が前に暮らしていた小屋というのは水もトイレもありませんでした。今でも多くの若者はそういう暮らしをしています。結婚したら水道のある暮らしがしたいね、なんて会話があるぐらいです。そんな町のある家にサウナがあって、もう何十年も毎週土曜日に一般に開放しているんですね。その日であれば誰が行ってもいいんです。周りに水がない暮らしをしている人がいっぱいいるので、そういう場所は本当に大切で、僕は初めてアラスカに行ったときに友人に連れていってもらったんですが、一つびっくりしたことがありました。そこは普通の家ですから部屋に入るとリビングがあって、家族が夕食を終えてお茶を飲んだりしている。でもその周りに洋服が散乱してるんですね。つまり、皆そこで服を脱ぐんです。片方に一家の団欒があって、その前でまったくの他人が真っ裸になっていく。もちろん誰もそんなことは気にしないんですけれど。ここは小さな小さなサウナですが、皆すごく楽しみにしています。アラスカにはいわゆる娯楽施設がほとんどないので、そういう人と人が集まって話をする場所や時間が楽しみなんですね。
それと関連するんですが、冬になるとフェアバンクスの町でもコンサートが定期的に開かれます。アメリカ本土からミュージシャンがやって来て、というか、どこかに行った途中に寄っていくんですが、町の人たちはそれをとても楽しみにしています。面白いのは誰が来ようと切符は全部売り切れるんですね。それぐらいみんなそういうものに飢えている。加えて普段おしゃれをする場所がないものだから、コンサートのときには思いっきり着飾ってきます。フェアバンクスは小さな町ですからそういうときには必ず誰か知ってる人間に会う。いつもは本当に汚らしい恰好をしてる連中が一生懸命着飾っている。それがなんとなく似合ってない。でもその感じがまたなんかすごくいいんですよね。

今アラスカの季節について説明しましたけれど、そこに暮らす人たちについても少し話しておきたいと思います。アラスカには白人のほかにエスキモーやインディアンなどいろいろな人が住んでいます。僕に限らず日本人は皆そうなんですけれど、やはり顔がエスキモーやインディアンに似ていますね。今までアラスカのさまざまなところに行きましたが、何度となくエスキモーやインディアンの人に間違えられました。僕の場合はたしかに普通の日本人よりも間違えられることが多いんです。アラスカに住んでる日本人にも間違えられてしまうというようなことも何度もあります。もうずいぶん前にアラスカ鉄道に乗っているときに、僕の後ろにエスキモーの若者が二人座っていました。ちょうど駅に着いて、日本人の若者がザックを背負って乗ってきた。こっちに来るので僕に話しかけるのかと思ったら、後ろのエスキモーの若者に、日本人ですかって。

エスキモーだけではなくて、インディアンの場合でも同じです。初めて行ったインディアンの村の空港で、受け入れてくれる家族と待ち合わせをしていたんですね。空港といっても名ばかりで砂利道の粗末なものなんですが、飛行機が来るのは大事ですから村中総出で集まってくる。おかげでどれがその家族か分からない。そのうちに声をかけてくれるだろうと荷物の整理をしていたら、誰もいなくなってしまったんですね。後でその家族を訪ねていったら、ずっと待っていたけれど日本人は誰も降りて来なかったって。そういうことが重なってくると、あらためて自分はモンゴロイドなんだなと感じます。

ところでエスキモーもインディアンも飢餓の経験があるんですが、南東アラスカのクリンギットインディアンやハイダインディアンの人たちはまったくそういう経験がない。それはなぜかというと、彼らはものすごく豊かな世界に生きているからです。海の幸も山の幸も豊富で、だからこそトーテムポールをはじめとする非常に高い水準の技術をもった独特な文化を築き上げてこれた。では彼らはどこから来たのか。その問いには未だ多くの謎が残されています。彼らがいるのは海岸地帯で、反対側は氷河地帯。いわゆるモンゴロイドが通ったところから外れています。ですから今もってすごく謎とされているんですけれど、僕はきっと彼らは海沿いに来たんじゃないかと思っています。

誰が最初にアメリカ大陸に来たかという疑問には僕もすごく興味があっていろんな本を読んだりしますが、今の人類学ではアジアから氷河期にベーリング海を渡ってアラスカに入り、ずっと流れて南米まで行ったというのが定説なんですね。でもその説は今やどんどん潰されています。ついこの間もブラジルの洞窟で一万三千年ぐらい前の壁画が見つかりましたが、そうするとまったく説明がつかなくなる。どうして最初にアラスカにモンゴロイドが入ったのと同じ時期に南米にモンゴロイドがいたのか。そうすると考えられるのは海しかない。だとすると三万年、四万年以上も前の人間も実は大きな航海ができたんじゃないか。オーストラリアには今考えられている以上に古くから人がいたんじゃないか。でもそうするとオーストラリアとアジアは陸続きではありませんでしたから、その彼らはどこから来たのかという疑問が残ってしまう。突き詰めて考えていくと、やっぱり海しか考えられないんですね。

先日、クリンギットインディアンの友人のお母さんを訪ねたんですが、彼女は会うなり僕にこう言うんですね。「自分のお祖母さんはいつも言ってた、自分たちはどこから来たのかって」。そして引っ張り出してきた本を開いて、これは誰なのかって聞くんですよ。差し出されたページにはアイヌの人たちが写っている。彼女はハイイログマのクラン、つまり先祖がクマなので、アイヌの人がクマと関わりがあることを知ってとても不思議なんです。彼女の中には日本とアラスカがつながっていたという意識はまったくないんですが、でもどうしてアジアに自分とそっくりの、しかもとても関係の近い人がいるのかと、そういう疑問を持っていたんだと思うんです。

僕がアラスカで暮らし始めてから今年で十八年になります。どうして自分がそんなに長い間アラスカにいたのか、この頃ふっと思いをめぐらすことがあります。二十代や三十代の頃はアラスカの自然に憧れていて、自分がどうしてアラスカにいるのかなんて考える暇もなくずっと走っていたような気がします。ところが四十代を超えて、自分がその土地に根を下ろして十八年も経ってみると、そんな疑問が本当になんでもないときに頭をよぎるんですね。人間の一生は一回しかない。だとすれば、僕はこれからもアラスカにずっといるし、いたいと思っている。そうするとアラスカの生活は自分にとって何かすごく大きな意義を持っているに違いない。あまりきちんと考えたことがなかったんですが、考え始めるといろんなことが思い出されてきます。その一つを清里との関係を含めて話してみたいと思います。

僕は子どもの頃は野球ばかりやっていたんですが、家の近くに映画館があって、三本立ての映画がいつもかかっていました。そこにはよくチャンバラ映画を観にいっていました。ところがあるときに「チコと鮫」という映画が来たんですね。それは初めて観るドキュメンタリー映画で、南太平洋を舞台に原住民の少年とサメの交流を描いたものなんです。それがものすごく良かった。と同時にこんなにきれいな世界があるんだということがショックだったんです。そのとき初めて自然というものを子どもながらに意識した。世界というのかな、そういうものが確かにあるんだなと感じたんですね。大人になってもう一度見てみたらあまり大した映画ではありませんでしたが、子どもの頃に見た南太平洋のあの大きな海原はやはりすごく強烈な印象を残しています。

それで僕は清里にいろんな縁がありまして、学生時代、十九か二十歳の頃だったと思いますが、谷口牧場にずいぶんとお世話になっていました。僕の親友も途中から谷口さんのところで働くようになって、本当によく清里には通いました。その頃はまだ田舎で、駅から静まり返った道をいつも歩いてきた記憶があります。その後しばらくして友人が山で遭難するんですが、そのほんの少し前に二人で清里に来たときのことを今でもはっきりと覚えています。夜遅い列車で着くとものすごい星空で、谷口さんも交えて星を見ながら一緒に歩いたんですね。彼が山で遭難して死んでしまうのはそれから間もなくのことなんですけれど、彼は子どもの頃からの親友で、これからいろんなことを一緒にやっていこうと、お互いの夢を話し合えるような奴だったのですごくショックでした。そのとき僕は二十一歳でしたが、一年くらいどうしていいか分からなくなってしまったんですね。自分がどういうふうにして生きていったらいいか、人生の中で何をやっていったらいいのか。そうしたことが本当によく分からなくて、悶々としながら、でも何か結論を出さなくちゃいけないと焦って何も手につかない。そういう時期がずいぶんと続きました。そして一年くらい経ってその答えがやっと自分の中で見つかったんです。それは何かというと、好きなことをやっていこうと思ったんですよね。

アラスカに初めて行ったのは十九の頃で、そのときはほんのひと夏をエスキモーの村で過ごしただけでした。でももう一度あそこに帰りたいなという漠然とした思いがあった。それでその事故があって一年ぐらい考えたときに、本当にキザな言い方をすると、アラスカが自分を呼んでいるような気がしたんですね。すごく大きな自然と関わりたいという思いが自分の中でどうしようもなく募ってきた。友達が死んだということで自分の一つの青春がもうそこで一回終わったなという、そういう思いもあったと思います。その結果、なんとなく自分はアラスカに行かなくちゃいけないという確信だけが残った。とはいってもアラスカに行ってどうするのか、何をするのかが分からない。学校を卒業する直前になっても何をしていいか分からないんだけれど、とにかくアラスカにもう一度戻るんだという思いだけが膨らんでいく。そんな中で写真を思いつくんですね。撮ったことはほとんどなかったんですが、見るのはとても好きだったので、アラスカで写真で何かやっていけたらいいなと思うようになる。
　ただいちばん大切だったのは、やはりすごく大きな自然に関わっていきたいなという思い。それも生半可な自然じゃなくて、ものすごく大きな自然に関わっていきたかったんですね。そんな思いをアラスカが叶えてくれるという予感もありました。それでアラスカに渡ったんです。最初は五年ぐらいいて、またどこか別の場所に移るつもりだったんですが、そのまま居ついてもう十八年になってしまったわけです。

　でもどうしてアラスカがそこまで自分を引き留めたのかと考えてみると、その自然がやはり僕を裏切らなかったからなんですね。どういうことかというと、アラスカの自然はやっぱりとてつもなく大きいんですよ。僕はいつも、もうちょっと早く生まれていたらという思いを持っていました。あと百年早く生まれていたら、もっと昔のエスキモーの暮らしを見れただろうなとか、もっと違う、人間が手を入れていない自然が見れただろうなとか、そういう思いがあるんです。アメリカでいえばバッファローが大平原をさまよっていて、そこにアメリカインディアンの暮らしがあって、というような生活は今はもう見られない。そうすると、自分はやっぱりここでやるしかないんだけれど、ついもう少し早く生まれていたらと思ってしまう。

ところがアラスカを一つひとつ自分が旅していく中で、そうではなかったんだと分かってきた。例えばアラスカの自然の中で、カリブーの大移動を最初に見たときがそうです。北極圏のツンドラでずっとカリブーを待ちながら、カリブーが来るかどうかも分からないままに半月近くもずっとキャンプを張り続ける。するとある日、地平線からカリブーが何頭か現れて、だんだん地平線を埋めていくんですね。それが真っ直ぐこちらに向かってきて、もう見渡す限りの群れがベースキャンプを通りすぎていく。六、七時間もかけて全部の群れが通りすぎて、再び地平線へと消えていって静けさが戻ってくる。そういう風景を見ているときというのは、もちろん自分一人しかいませんね。壮大な風景が目の前にあるんだけれども、それを見ているのは自分一人。そんなときには、遅く生まれすぎなかったなと心から思います。

今は絶滅に瀕している動物はおそらくいないはずですが、もちろん今後アラスカも変わっていくでしょう。オオカミもクマもそんなに変わっていないし、一時期絶滅しそうだったジャコウウシ、氷河期から生き残ってきた牛のような動物なんですが、乱獲で絶滅しそうだったんですけれど今は持ち直しています。でもやっぱり環境が少しずつ変わっていく中で、果たしてカリブーの季節移動が生き残れるかどうか。それだけに、自分はそういう一つの時代に間に合ったんだという思いを今ではすごく強く感じています。

自分をアラスカに引き留めてきたのはたしかにそうした自然の魔力です。でもそれだけじゃない。やっぱりそこに人が暮らしているからなんですね。例えばアラスカがただ美しい自然だけだったとしたら、自分はアラスカにこれほど長くはいなかっただろうと思います。人の暮らしがあるということは、いろんな問題をそこに孕むということです。白人であれエスキモーであれ、インディアンであれいろんな人間がアラスカの中で暮らしていれば、おのずとさまざまな問題が起きてくる。そうした問題を抱えながら、大きな自然と人間はどうやって関わり合っていくのか。その思いが自分をアラスカに引きつけ続けてきたんだと思います。

ここで僕の友人の話をしようと思います。この四、五年の間、南東アラスカをずっとテーマに撮っているんですが、そこはアラスカの南、ちょうどカナダとつながる氷河と森に覆われた土地で、海側は多島海といった地域なんですね。そこにクリンギットインディアンとハイダインディアンと呼ばれる人たちが住んでいます。彼らの生活はエスキモーや内陸のアサバスカンインディアンのものとはまったく違うんですね。そんな独特な自然観に興味があって、これまで同世代から古老まで多くのインディアンの人たちに会ってきました。これから話すのはその中でも強烈な印象を残したある友人のことです。

ちょうど何週間か前に、シトカという町に行ってきました。ここはかつてインディアンの土地だったんですが、その後白人が入植して、今では人口的には逆転してしまったような町です。でもクリンギットインディアンの社会は今も力強く残っているんですね。彼らが百年ぶりにトーテムポールを建てるというので、そのセレモニーに出かけたんです。そこでいろんな友人と再会しましたが、その中にウィリーという男がいました。歳は僕より四、五歳上なんですが、とても気の合う友人で、とてもおかしくて目がきれいで。彼はベトナム帰還兵なんですね。きっと皆さんの中ではベトナム戦争とアラスカのネイティヴというのはなかなか結びつかないんじゃないかと思うんですが、実は多くのエスキモーやインディアンたちがベトナム戦争に行っています。ウィリーもその一人なんですが、彼によればベトナム戦争でだいたい五万人のアメリカ兵が死んだ。でも戦後、その三倍の十五万人ぐらいの帰還兵が自殺しているそうなんですね。ウィリーもまた帰還後、精神的におかしくなってしまって自殺を図った一人です。ただそのときに、つまり彼が首を吊ったときに、当時七歳だった息子さんがずっと自分の父親の体を下から支えていた。それで彼は助かるんです。自分の息子が自分の命の恩人になる、そのことを機に彼の人生はずいぶん変わってゆき、それまでの荒れた生活から少しずつ自分のアイデンティティを見つめ直すようになる。その結果、自分がクリンギットインディアンであるということに自らの血の中で目覚めてゆくんです。僕にとってベトナム戦争というのは非常に遠い世界でしたが、彼からその話を聞いて以来、とても身近なものとして感じられるようになりました。

クリンギットインディアンの社会というのは、ハイダインディアンの社会もそうなんですが、二つの家系に分かれています。家系のことをクランというんですが、ワタリガラスのクランとハクトウワシのクランがあって、そこからさらに小さなクラン、ハイイログマとかサケだとか、そういう家系に分かれているんですね。だからクリンギットインディアンの人たちと会って、あなたはどのクランですかと訊ねると、すぐに答えてくれる。自分はサケです、クマですというように。そういう社会構成の中で彼らは今も暮らしています。もっとも、良い面ばかりでなくどこかがんじがらめの世界でもあるんですが。

ウィリーはハイイログマのクランに属しています。彼のお母さんはクリンギットインディアンの社会でとても尊敬されている古老で、セレモニーではハイイログマのクランを代表してウィリーが挨拶に立ちました。民族衣装を着て、ところが頭にはベレー帽をかぶっている。これがベトナム帰還兵のシンボルなんですね。彼はそのベレー帽をかぶった姿で、自分がこれまでどれほど長い旅をしてきたか、長いスピーチをしました。ベトナムから帰ってきてから自分がどうしていいのか分からずドラッグにアルコール、荒れ果てた生活の中で何度牢獄に入ったか分からない。そんな中で自分が誰であるのかを探し続けて、最後にクリンギットインディアンというところに帰っていこうとする。それをとても真摯な言葉で彼は語ったんですね。

夜にはポトラッチという、自然から得たご馳走を皆で食べて、その後踊りに興じる祝宴がある。これは真夜中までそれぞれのクランが伝統的な踊りを繰り広げる、とても大切なセレモニーなんですね。それ自体とても感動的なんですけれど、とくにウィリーの踊りは美しくスピリチュアルなものでした。

やがてポトラッチも終わって、会場を後にしようとしたとき、ウィリーがスウェット・ロッジに行くかと訊いてきた。うまく説明できるかどうか不安なんですけれど、スウェット・ロッジというのはインディアンの人たちが自分の本当の魂と出合うために何も食べずに山を旅し続けること。彼らはそれをビジョン・クエストと呼ぶんですが、つまり山の中をたった一人で水だけを飲みながら旅する中で違うステージに入っていく。その中で自分自身の魂と出合うという、ナバホとかスーといったインディアンを中心に今でも行われているものなんですが、そのビジョン・クエストに旅立つ前に入るのがスウェット・ロッジなんです。それ自体はサウナのようなものらしいんですが、僕も話に聞くだけで見たこともない。それで以前からウィリーがいつか連れていってあげると約束してくれていたんですね。

その夜、突然ウィリーがスウェット・ロッジに行くかと訊いてきた。それで僕らは女性一人を含む六人の仲間でトラックに乗り合わせて郊外の森に向かいました。やがてものすごく大きな焚き火が見えてくる。その側には焚き火を守るおばあさんがいて、彼女に紹介されると隣にある木で組まれたキャンバスのかかったテントに入るんです。それで何をするかというと……つまり自分の中の思いをそれぞれ順に話していくんですね。全員裸になって、火の周りに集まって、ウィリーはそのとき、シャチの歌という、昔からクリンギットインディアンに伝わる歌を歌った。それはもう本当に素晴らしい歌なんですが、そのときすでに彼は僕が知っているウィリーではないんですね。まったく違う人間になっている。そこから外に出て、おばあさんが煙草の葉を焼いた煙を皆の体にかけて、鷲の羽で身体を叩いて身体を清める。そしてまたスウェット・ロッジに戻る。そして皆が座り終えると、おばあさんが焚き火の中から五個か六個、真っ赤に焼けた大きな石を運んできて、スウェット・ロッジの中に置いて入口の扉を閉める。完全な闇ですね。その中で再び歌が始まって祈りがある。それがずっと続くんです。その間にそれぞれが語り祈るんですが、話し手が代わるたびに必ず煙草の葉を焼けついた石の上に乗せる。すると小さなスウェット・ロッジの中に煙が充満して、さらにものすごい熱気が広がるんですね。それが一巡すると、またテントの扉が開いておばあさんが石を運んできて。そうやってだんだん石が増えていく中で、ずっと自分たちの祈りや思いを語り続けるんです。それで分かったんですが、一緒に行った五人のインディアンのうち女性を除く全員がベトナム帰還兵なんですね。エドという名のインディアンは、自分がベトナムで初めて殺した子どものことが忘れられないと泣き出してしまったり。まあそういう、ちょっと一種異様な状態になる。それは僕にもとても不思議な、でも切実な体験でした。

つまり祈るとか、ひとたびまったく違う世界に足を踏み込んでみると、自分だけではなく皆が旅をしている。皆がそれぞれの闇のようなものを自分の中に持っていて、それを乗り越えようとしている。そういう賭けをしているような印象を強く受けたんですね。皆が……僕自身も含めて自分の中で克服したい、闇という言い方は相応しくないかもしれないけれど、何かを抱えている。そして考えてみると僕がアラスカに来たのもまさにそういうことだったような気がするんです。自分がどうして十八年もアラスカにいたのか。その答えはきっとウィリーとそれほど変わらないんじゃないか。自分の中に克服したいものがあったからなんじゃないか。だから今振り返ってみると、自分はアラスカの自然に励まされてきたんだなと、そしてそうした旅の最中に自分がアラスカにいられて本当に良かったと思うんですね。スウェット・ロッジで体験したあの瞬間というのは、まさに自分がアラスカに居続けたその大きな理由を体現する瞬間だったように僕には思えてくるんです。

星野道夫の講演

池澤夏樹

人が文字を得たのは、人の歴史ぜんたいから見ればごく最近のことで、それまでは誰も話すことだけで仲間と意思を通じてきた。今ぼくたちは文字がなければなにもできないと思うけれども、文字のない時代にホメロスの頭には『イーリアス』と『オデッセイア』がそっくり入っていた。文字に頼って人の記憶力は格段に弱くなった。

それ以上に、他人の話を聞く能力が失われたとぼくは思う。かつて、遠くから来た旅人の話を人々は夢中になって聞いた。旅をする話し手は行く先々で同じ話を繰り返し、そのたびに聞き手の反応を見て話法を洗練させ、またその土地のおもしろい話をレパートリーに加えて、いよいよ上手な話し手になっていった。

あるいは村でいちばん話のうまい老人が冬の夜長に子供たちにせがまれて、昔話をする。おもしろいストーリーの中に子供が知っておくべき自然の法則や倫理が巧みに配置されていて、それを聞きながら子供たちは大人になるための心得を身につけた。老人の話を聞いて育った子供の中から次代の話し手が生まれた。

こういう話し手をぼくたちは失い、話を聞く力を失い、それをすべて本に頼るようになった。しかし話し手は生きているが本は死んでいる。話し手は聞き手の反応を見るが、本は誰にでも同じことしか伝えない。

星野道夫が優れた話し手であったことは、その講演を文字で読んでいるだけでもわかる。彼の話はただの情報ではない。彼自身が二十年以上をかけて得た知恵を語るものであり、その背後にはアラスカの自然と先住民の暮らしという叡智の体系があった。

彼自身それを本などから得たのではなく、時として非常な危険に満ちた体験を通じて体得し、また村々の老人たちの話を聞くことによって集めたのだ。ある意味ではこれは文章に書いて本に綴るよりも人々に向かって語るのにふさわしい類のことであり、だから彼は語った。

本当は公民館や講堂ではなく冬の炉端で、あるいは夏の夜に星空を見ながら、聞くべき話かもしれない。また、できればあなたは子供であった方がよかったかもしれない。もちろん、それをこの本で読むのではなく、彼の話を直に聞ければそれがいちばんよかった。でも贅沢は言うまい。こうして記録されたものを読んでいるだけでも彼が伝えたかったことは伝わるし、彼の口調は耳に響くのだから。

これは彼が語ったところを本にまとめるという変則的な成り立ちの本である。読み手の方もこれを読むにはちょっと工夫がいるとぼくは考える。彼の声の響きを正しく耳に蘇らせるには、普通の本とは違う読みかたが求められる。

まず、ゆっくり読むこと。視線はなにかと活字の表面を滑りがちだから、言葉一つ一つの本当の意味をしっかりと捕えながら読むために、急いではいけない。なによりも、急いで読んで読んだつもりになってはいけない。

次に、一度にたくさん読んではいけない。彼は本当に大事なことしか言わなかった。そして本当に大事なことは何度でも言った。先住民の語り手は同じ話をいくどとなくする。大事なことはそうやって聞き手の心の奥深くにしっかりと刷り込むものだ。

星野も同じだが、星野の場合は聞き手がそのたびに違うというもう一つの事情もあった。だから、同じエピソードに何度も出会うことは少なくない。書いたものなら二度目から後は省いてしまうところだが、話されたものはその一回ごとがまとまって生きているから、前にも出たエピソードということで省くわけにはいかない。

だから読み手の方はこの本を一気に読み終えるのではなく、一つずつを時間をかけて、例えば一週間の間をおくような具合に、一回ごとの講演が心に定着するのを待って次に行くように、読むのがいい。そうすればエピソードの反復はむしろ心地よいものになる。近代人として効率を求めてはいけない。なんといってもこれは効率がすべてを損なってしまう前の社会の知恵を書いた本なのだから。

星野の話はおもしろい。体験的でしかもことの本質を突いた話だからおもしろいのだろうと思う。アンカレッジのタクシーの運転手がオーロラに見とれながら運転する。乗っている星野は危ないと思いながらも、あまりに美しいオーロラに見とれるのは当然だとも考えて、この二つの思いの間でとまどう。ぼくたちに伝わるのは、それほどまでのオーロラの美しさだ。

あるいはコバック川の近くで、ネズミが蓄えたエスキモーポテトを貰うおばあさんの話。半分だけ取って、お返しに魚の干物を置いてくる。このおっとりした話に、経済の基本である交換や贈与の原理を見出して論じることもできるし、次はネズミが何か持っておばあさんのところに来るという民話風の展開を考えることもできる。もちろんサステイナブルな社会とエコロジーの関係を思うことも可能だ。いずれにしても、これは大事な話であり、創作ではなく星野の体験であるところが最も大事。おばあさんは彼の目の前でネズミに魚の干物を贈った。

そう言いながら、ぼくは、こんな風に星野の話を解釈し、意味を抽出してもよいものかと迷う。今の社会があまりに渇いているから、彼の話すアラスカの物語のようなものをあまりに強く求めているから、ぼくはついつい性急に仲立ちをしたい誘惑に駆られる。

でもそんなことはしなくてもいいのだろう。この話は自分の魅力で広がってゆくだろう。ぼくたちはみな遠い自然を必要としているというような、星野のアラスカ体験の神髄ともいうべき課題はもうみなに共有されている。

この何週間か、この講演を一つずつゆっくり読んでいて、彼がさりげなく言っていてしかも実はずいぶん意味が深いのではないかと思ったテーマがある。自然のことではなく、先住民のことでもなく、アラスカの都会に住む人々の話。これだけは僕の思いを記しておこうか。

自分の友だちであるAさんを日本人のBさんに紹介する。その時は名前だけだけれども、後でBさんが「あの人はどういう職業なの？」と尋ねる。しかし一つの答えがない。「あの人は、秋になるとあれをやっているし、冬になるとあれをやっているし、夏になればこういう仕事をしているし……」と星野は考え込む。

人が生きてゆくにはいろいろな活動が必要なのに、最近ではそれを分業化して、一人一人が専門家になるのがあたりまえになっている。その方が効率がよいと説明されるけれども、効率とはいったい何だろうか。仕事は義務であると同時に楽しみでもあって、だから人間は働く。ならばさまざまな仕事を持っている方が楽しいのではないか。一つの仕事に専念することで人の心は一種の奇形に陥ってしまうのではないか。

アラスカは季節感が他の地域よりも一層はっきりした土地だから、季節ごとに違う仕事をするというのも納得できる。それはつまりそれだけ自然に近いところで生きているからだ。自然の条件が厳しい分だけ人は人間らしく生きることができる。あるいはそのような生きかたを求められる。

これはローカルということでもある。専門化は人ばかりではない。一万キロも彼方に住む外国の都会の民に売りつけるために何百キロ四方もの畑を作って小麦だけを作る。これもまた異常なこと、農業として一種の奇形ではないだろうか。自分たちが食べるもの、近所の町の人たちが食べるものを一通り作るのが本来の畑というものではなかったか。

お金が人や土地を専門化してゆく。自然について、人生について、トータルな知恵を養うことで幸福が得られるとすれば（ぼくはそう信じているわけだが）、一つのことしかできない人や一つの作物しか育たない土地はとても不利だ。

生活にはさまざまな側面があり、仕事とは本来、生活とつながったものだった。去年の秋に行ったイラクでは農夫は子供たちも引き連れて一家全員で畑に出ていた。

そういう生きかたに戻ってもいいと、ぼくは星野の話を読みながら、彼の声を聞きながら、考える。

まことにいろいろなことを考えさせる本である。

単行本　『魔法のことば　星野道夫講演集』二〇〇三年四月
スイッチ・パブリッシング刊

文春文庫

魔《ま》法《ほう》のことば

自然《しぜん》と旅《たび》を語《かた》る

定価はカバーに表示してあります

2010年12月10日　第1刷
2025年9月5日　第15刷

著　者　星《ほし》野《の》道《みち》夫《お》
発行者　大沼貴之
発行所　株式会社 文藝春秋

東京都千代田区紀尾井町3-23　〒102-8008
TEL　03・3265・1211㈹
文藝春秋ホームページ　https://www.bunshun.co.jp

落丁、乱丁本は、お手数ですが小社製作部宛お送り下さい。送料小社負担でお取替致します。

印刷・TOPPANクロレ　製本・加藤製本　Printed in Japan
ISBN978-4-16-751504-1